El Amor de tu vida compartida

Enriqueta Olivari

*Para Carlo,
mi amigo y compañero de vida,
con todo mi Amor y gratitud.*

Índice

Agradecimientos

Quiero expresar mi más profunda gratitud a mis lectores, pues sus sinceros testimonios han sido una gran motivación para seguir adelante en mi labor como escritora.

Gracias infinitas a mis padres y a todos mis antepasados, pues su fuerza me impulsa a realizar mi tarea en el mundo.

Le agradezco con el alma a Osho, por su inmenso Amor y sus valiosas enseñanzas.

Gracias eternas a mis verdaderos amigos por su apoyo y cariño, y porque compartiendo con ellos disfruto y aprendo siempre.

Gracias desde lo más hondo de mi corazón a Carlo Paradela por su Amor incondicional, su bondad y paciencia infinitas, y por la inmensa ayuda que me brinda, a cada día.

Introducción

El Amor no tiene nada que ver
con alguien más,
es tu estado de ser.
El Amor no es una relación.
Una relación es posible,
pero el Amor no está confinado a ella.
El hombre se torna maduro
en el momento que comienza a amar
en vez de necesitar.
Él comienza a florecer,
comienza a compartir,
comienza a dar.
Y cuando dos personas maduras
están en Amor
una de las grandes paradojas
de la vida sucede,
uno de los más bellos fenómenos...
Ellas están juntas,
y aún así tremendamente solas.
Ellas son una,
pero su unidad no destruye su individualidad.

Osho

Cuando leí por primera vez este texto, sentí un estremecimiento en el alma. Supe desde lo más profundo de mi ser que era cierto, y me hice una promesa: "Yo experimentaré esto antes de irme de la Tierra".

En ese entonces yo tenía 17 años, y acababa de recibir la iniciación con Osho.

Intuí que el camino para lograr vivir esa experiencia sería largo y lleno de desafíos, pero estaba firmemente decidida a experimentarlo, sin importarme cuánto tiempo me llevaría.

Durante toda mi niñez y adolescencia afirmé una infinidad de veces que yo nunca me casaría. Al observar a las parejas de mi entorno, sentía que aquello no podía ser verdadero Amor.

Yo quería ser libre, sabía que viajaría por el mundo cuando fuera mayor, y una vida llena de renuncias y sacrificios en pos de tener una relación no estaba en mis planes.

Quería experimentar el Amor, pero sin ataduras ni limitaciones impuestas por la sociedad o la religión. Por eso al leer ese texto mi alma se estremeció... ¡Lo que mi ser anhelaba era posible! Y estaba dispuesta a hacerlo realidad en mi vida.

Lo primero que leí de Osho fue que todo lo que siempre había buscado se encontraba en mi interior. Que nunca iba a encontrar el Amor, la paz ni la felicidad en nada externo. Pero él aclaró que uno debía descubrir esta verdad por su propia experiencia.

Mi maestro nos decía una y otra vez que nos entregáramos con totalidad a todas las experiencias de la vida, pero buscando estar conscientes a cada momento.

Amor y meditación, Amor y consciencia... Las dos alas para que el pájaro de nuestra vida pueda volar alto por el cielo infinito.

Así que me embarqué en una larga sucesión de encuentros amorosos de todos los tipos, y lo hice con pasión, intensidad y obstinación. Después de cada decepción, de cada abandono o traición, pensaba que en la próxima relación sería diferente, que la siguiente vez sería la definitiva. Y me mantuve en este proceso la mayor parte de mi vida.

Afortunadamente, la práctica de la meditación constante me ayudaba a descubrir diferentes facetas de mí misma. Y en cada relación aprendía algo importante acerca del Amor, de las relaciones humanas, y de los patrones que mi mente había creado, inconscientemente, para defenderme, escaparle al compromiso o para mantener mi miedo al abandono bien escondido.

Ahora, mirando hacia atrás, percibo que fue como si hubiera estado en una universidad, y cada pareja fue el maestro de turno, dispuesto a enseñarme valiosas lecciones acerca de mí misma.

Hasta que, finalmente, una mañana sucedió el Despertar... Estaba meditando, observando las imágenes que desfilaban por mi mente de la última relación que acababa de dejar. Me venían escenas, sensaciones y emociones, y yo apenas las observaba, como si contemplara una película.

De repente mi alma se sacudió, conmocionada, y como si acabara de despertar de un largo y profundo sueño exclamó: "¿Pero qué es lo que he estado haciendo durante toda mi vida? Si el Amor de mi vida... ¡soy yo!"

Me quedé muda, extasiada, con el alma iluminada, plena de felicidad. Sentí en la totalidad de mi ser una profunda y maravillosa liberación. Mirando hacia el horizonte conecté con la paz absoluta de mi corazón. Veía ante mí un camino libre de esperas, expectativas, angustia, soledad y dolor. ¡Era libre! Me sentí, por primera vez en toda mi vida, libre de verdad.

A partir de ese momento mi vida tomó otro cariz, y se llenó de color. Seguí haciendo las mismas cosas, pero algo en mi interior había cambiado, ya para siempre.

Comencé a disfrutar de mi propia compañía como nunca antes, y me sentía en una luna de miel permanente conmigo misma.

Entonces comenzaron a llegar a mi vida varios hombres, todos queriendo embarcarse en una relación conmigo. Yo sabía que atraía esas situaciones para ver reflejado mi cambio, y sonreía ante las proposiciones de mis pretendientes. Sentía un gran Amor por ellos, y por todo, pero era un Amor que me acompañaba siempre, era mi estado natural, y podía sentirlo aún estando sola en una habitación. No sentía la menor necesidad de involucrarme en ninguna relación.

Intuí que estaría sin pareja por mucho tiempo, quizás por el resto de mi vida, sin que esa posibilidad me perturbara. Ya había encontrado la fuente del Amor dentro de mí misma, y quería dedicarme a disfrutarlo.

Una mañana, meditando, mi alma me dio una orden: debía escribir un libro, que se titularía "El amor de tu vida". Y de inmediato comenzó a dictarme al oído el primer párrafo. Tuve que correr hacia mi ordenador y ponerme a escribir de prisa, para no perder el hilo de lo que mi alma me iba susurrando.

Yo había comenzado a escribir poemas y relatos a los catorce años, y siempre había soñado con ser escritora. Pero nunca antes me había sucedido algo parecido. Y si bien al comienzo esta experiencia me desconcertó bastante, enseguida me entregué de cuerpo y alma a la tarea que mi alma me había encomendado.

Comenzaba a escuchar los "susurros" en cuanto me despertaba y meditaba, bien temprano por las mañanas. Me dirigía al ordenador y comenzaba a escribir, sin pensar nada de antemano. Mientras lo hacía perdía la noción del tiempo, y no sentía hambre ni sed durante varias horas.

Cuando un día por fin escribí la última frase de mi libro, de repente me sobrevino un cansancio muy profundo. Así que guardé el manuscrito impreso de mi libro y me dediqué a descansar, trabajando apenas lo necesario.

Un año más tarde, mi alma me dijo que ya había llegado el momento de publicar mi libro. Busqué el manuscrito y lo leí de comienzo a fin. Entonces comprendí que ese libro era en realidad un mapa, que mostraba claramente los pasos del camino que yo había recorrido para poder encontrar el Amor dentro de mí misma.

Consideré que mi experiencia quizás les podría ser útil a los demás, así que comencé a buscar con tesón un editor para mi "hijo". La tarea resultó muy frustrante, y no podía esperar meses o años hasta que alguna editorial se dispusiera a publicarlo, pues sentía que mi libro debía salir a la luz del mundo en cuanto antes.

Hasta que finalmente encontré, a través de un amigo, la solución: auto-publicarlo.

Un mes después mi libro ya estaba disponible a través de una página web española, y decidí hacer una presentación del mismo en Mallorca, donde yo vivía entonces.

Dos días después recibí un pedido de amistad a través de Facebook. Una de mis mejores amigas me había convencido de que yo tenía que   tener una cuenta en esa red social. La idea en realidad no me atraía demasiado, pues soy introvertida, pero pronto comencé a disfrutar compartiendo por ese medio.

El pedido de amistad me lo había hecho un hombre joven y guapo de México. Cuando vi su foto me quedé muy sorprendida. Había algo en él que me atraía de un modo inexplicable, y me sentí honrada de que quisiera que fuéramos amigos.

Acepté su pedido encantada y agradecida, y enseguida comenzamos a enviarnos largos y sinceros e-mails. Su sencillez y fuerza, su gran bondad y generosidad, y su manera creativa, amorosa y divertida de expresarse me conmovían, y me sentía unida a él de un modo hermoso y profundo.

Un día él me envío de regalo un video que había realizado. En el video me mostraba un bello paisaje de su país, y de repente miró a la cámara para hablarme. Cuando vi su mirada me estremecí por completo, y comencé a llorar y llorar sin poder parar.

Desde hacía varias semanas yo "veía" la mirada de unos ojos verdes. Era una mirada masculina, amorosa y penetrante. Esta visión aparecía varias veces al día, y en los momentos más inesperados.

Cuando vi los ojos de mi amigo en el video, reconocí emocionada que su mirada era la de mis visiones.

Sentí en lo más hondo de mi alma que él era el hombre que siempre había buscado y esperado. Y entonces me deparé con otra de las tantas paradojas de la vida: hasta que no me había enamorado plenamente de mí misma, y había dejado de "necesitar" una relación, mi verdadero compañero de camino no había aparecido.

Nuestros encuentros por Skype eran profundos y auténticos. Compartimos nuestros ideales y sueños, nuestros valores, gustos y preferencias, y algunas decisiones que cada uno ya había tomado en relación a su vida.

También nos contamos los episodios vividos que más nos habían marcado, y nos mostramos abiertamente nuestras cicatrices y heridas. Y jugábamos y reíamos mucho.

Percibí con una gran claridad que a su lado podría seguir siendo yo misma, y que con él crecería de un modo muy amoroso y creativo.

Al cabo de dos meses sentí que había llegado el momento de irme a vivir a México. Pero no tenía el dinero necesario para hacerlo, pues hacía tiempo que no tenía trabajo en la isla.

Días después me encontré por la calle con una mujer checa que había sido mi paciente. Nos teníamos mucho cariño, y ella sentía una inmensa gratitud por todos los cambios que había experimentado al tomar mis sesiones. Se alegró mucho al verme, y al saber que había encontrado a mi verdadero compañero.

Cuando le comenté que no sabía cómo me iría a México, sonrió, me abrazó y exclamó: "¡Eso ya es un hecho!". Y me regaló el billete de avión.

Así que algunos días más tarde dejé atrás toda mi vida en España, me subí a un avión sin sentir la más mínima duda o temor, y me vine a vivir junto a mi compañero. Nos casamos a los pocos meses, y vivimos en un lugar hermoso en la naturaleza, rodeados de poderosos cerros.

A su lado crezco y florezco, y hago realidad mis más anhelados sueños.

Hace algunos meses comencé a escuchar nuevamente los "susurros". Párrafos enteros de mi siguiente libro me estaban siendo revelados. Pero en medio de todas mis tareas diarias, y de los viajes para impartir cursos y conferencias en diferentes ciudades y países, no me veía capaz de ponerme a escribir otro libro. Así que decidí no hacerles caso a los susurros, e intenté acallarlos.

Pero esta mañana, mientras meditaba en mi amplio y hermoso jardín, mi alma se puso insistente: "¡Comienza! Comienza el siguiente libro hoy mismo. Esta vez lo escribirás de otro modo, será un proceso distinto. Cada hijo es diferente, y tú encontrarás el modo de conciliarlo todo. ¡Tú puedes!".

Así que aquí estoy... Y es cierto, el Amor de tu vida eres tú, pero ese Amor y tu vida pueden ser compartidos. Y si de verdad te amas, entonces compartirlo en pareja se convierte en una verdadera aventura de crecimiento mutuo, plena de armonía, creatividad y belleza.

Te recomiendo de corazón que leas y pongas en práctica lo que transmito en mi primer libro, pues sólo así podrás comprender y sacarle el mayor provecho a éste.
Todo lo que aquí comparto está basado en mi experiencia personal. No considero que haya encontrado todas las respuestas, pues sigo aprendiendo y creciendo siempre, ya que el Amor es un arte que puede florecer y expandirse constantemente. Pero es probable que te veas a ti mismo reflejado en algunas de las experiencias que aquí describo, ya que todos somos espejos unos de los otros. O quizás lo que comparto te inspire, para que puedas ir encontrando tu propio modo de compartir Amor y relacionarte de un modo sano, consciente y hermoso.
La mayor parte de lo que encontrarás en este libro puede ser aplicado también a otro tipo de relaciones, pues si te amas querrás relacionarte de un modo saludable y armonioso con todas las personas que para ti son significativas.

Espero que este viaje compartido sea para ti una maravillosa aventura, en la cual el Amor pueda seguir expandiéndose continuamente, ya que en realidad es una fuerza que no posee límites.

Un nuevo camino

Hemos comenzado una nueva era, la del Amor incondicional. Esta es la razón por la cual hay tantas crisis y separaciones en las relaciones de pareja. Y a veces también vamos teniendo que dejar atrás a algunos de nuestros viejos amigos. Esto ocurre porque el modo como nos hemos estado relacionando hasta ahora, la mayoría de las veces no tenía nada que ver con el auténtico Amor.

En la era que estamos dejando atrás, teníamos que seguir condicionamientos y patrones ya establecidos para relacionarnos, así como desempeñar determinados roles que no siempre encajaban con lo que de verdad queríamos o sentíamos.

Eran relaciones basadas en la carencia y la dependencia, en los celos, la posesividad, las manipulaciones y en las luchas de poder. Y todo esto nos ha llevado siempre a una profunda frustración e infelicidad.

En estos tiempos de tantos cambios y transformaciones que estamos atravesando, todos tenemos el cometido de descubrir cómo Amar de verdad y sin condiciones.

Por eso es imprescindible aprender a amarnos a nosotros mismos de un modo incondicional y completo. De lo contrario, es imposible amar incondicionalmente a los demás.

No podemos dar lo que no tenemos, o lo que no nos damos a nosotros mismos primero.

Tampoco podemos seguir modelos establecidos por la sociedad y la religión para relacionarnos. Ya estamos comprobando que ese no es el camino.

Ahora cada individuo y cada pareja tienen que encontrar su propio modo de establecer las bases para las relaciones.

Algunas parejas vivirán juntas, otras no. Quizás quieran tener hijos, pero no se sentirán obligadas a hacerlo si no lo desean. Y a veces convivirán con los hijos de relaciones anteriores.

Tal vez compartan sus ganancias materiales, o quizás prefieran mantener las respectivas economías separadas.

Se trata de ser honestos, ante todo con nosotros mismos, y sentirnos libres de establecer el tipo de relación que nos hace bien y se adecua a quiénes somos de verdad. Ya no podemos imponernos modelos y condicionamientos que nos llevarían a la frustración, el desamor o el conflicto.

Sin embargo, hay algunas pautas esenciales que son las mismas para todos, pues el Amor contiene una serie de cualidades que se deben desarrollar, para que éste pueda ser expresado y compartido de un modo sano y pleno.

El crecimiento personal y el Amor incondicional a uno mismo son las antesalas, para luego poder seguir creciendo en pareja.

De lo contrario, proyectamos en nuestra pareja a nuestro padre o madre, esperando que nos "complete" o cubra todas nuestras necesidades. O entonces pretendemos que él sea nuestro terapeuta. Las relaciones de este tipo generan siempre frustración, dolor, apego e impotencia. Y si ya estamos en una relación, siempre podemos comenzar a cambiar y descubrir nuevas maneras de relacionarnos.

Te invito a que juntos recorramos un nuevo camino...

El amor compartido

El Amor es la fuerza más poderosa que existe en el Universo. Y cuando dos personas comparten Amor, en realidad no se entregan una a la otra, sino que ambas se entregan a esa inmensa fuerza que les recuerda la Unidad que creían perdida.

Una relación de Amor es un encuentro de *almas*. La edad, la apariencia física, los condicionamientos sociales que hemos recibido y nuestra mente-ego ocupan un lugar secundario, por no decir insignificante, en este camino.

La necesidad de relacionarnos y compartir Amor se encuentra en nuestras células. Pues es en las relaciones donde demostramos que somos reales, que existimos, que tenemos impacto, que tenemos dimensión, profundidad, y que existimos en el espacio y el tiempo.

El Amor es un estado interior, pero es en las relaciones donde expresamos y reflejamos ese Amor, la intimidad y el cuidado. En la relación ponemos todo esto en acción, lo hacemos real.

Hay un anhelo que existe en la energía, el de ser más. Esto está en nuestras células, el deseo de *ser más uno mismo*. Y en las relaciones de amistad o amorosas uno puede ser y tornarse más.

Cuando pensamos en el Amor, de inmediato nos viene a la mente la idea de la pareja. Pero en realidad todas las relaciones significativas de nuestras vidas son relaciones amorosas. El Amor es siempre uno, simplemente se expresa y se comparte de modos distintos. Si bien es cierto que en las relaciones de pareja se suelen compartir la intimidad y el cuidado de un modo más profundo.

El Amor sólo es verdadero si es incondicional; amas al otro tal cual es, con todo lo que es, y le aceptas con todas sus facetas, con todos sus contrastes.

Es entonces cuando el Amor se encarga de transformarnos, de un modo constante y profundo.

La meditación

Los juicios y las críticas hacen daño, y crean separación. El Amor es *aceptación*, y en esa aceptación no hay lugar para criticarnos o juzgar al otro.

Los juicios son creados por la mente, por eso para de verdad amarte y amar a los demás es importante practicar la meditación.

También es la mente la que nos hace creer que tenemos un ego o "pequeño yo", que nos mantiene separados de los demás, de la naturaleza y del Universo.

Meditando vas comprendiendo que tú no eres tu mente, entonces puedes elegir usarla a tu favor, y no en tu contra.

La meditación nos permite observarnos, para dejar de lado todo aquello que en realidad no somos, ni nos pertenece. De este modo conectamos con nuestro verdadero Ser, y con la verdad de nuestras almas.

La meditación, como el Amor, es un estado interior. Pero para alcanzarlo será necesario, sobre todo al comienzo, practicar alguna técnica que nos ayude a conectar con él.

Con el tiempo y la práctica, sin embargo, ya no será necesaria la técnica. Podrás mantenerte presente en el aquí y ahora sin esfuerzo, ya que en realidad ese es nuestro estado natural. La prueba de esto es que los niños siempre viven en el momento presente. Pero ellos no son conscientes de que viven en ese estado, entonces ya de adultos debemos recuperarlo conscientemente a través de la meditación.

También es meditando que uno va comprendiendo que realmente todos somos

Uno. Y a través de las relaciones amorosas conscientes recordamos y sentimos la Unidad.

El espejo

Cuando amas a alguien, te ves reflejado en él o en ella. Todo lo que te atrae, amas o admiras del otro es apenas un reflejo de lo que llevas dentro. Y en la medida en que te conoces mejor, y estás en contacto con tu verdadero ser, irás atrayendo personas a tu vida con las cuales la afinidad será más profunda. Atraerás espejos más claros y nítidos.
Cuando esto sucede, podemos sentir que nos hemos encontrado con nuestra "alma gemela". Pero la verdad es que tu alma gemela está en tu interior, y la persona con la cual sientes esa conexión tan profunda es un reflejo de tu alma gemela interna.
Entonces al amar a alguien, puedes contemplar en esa persona tu propia belleza, tus cualidades y dones, y todo el Amor que llevas dentro.
De ese modo, al igual que cuando te miras en un espejo, vas cambiando, desde la luz de tu consciencia, aquellos aspectos de ti mismo que no te gustan, que hacen daño, o que percibes que no están en armonía con la verdad de tu alma, ni con el Amor que en realidad ya eres.
Y cuando percibes algo del otro que no te gusta, te das cuenta de que aquello también está en ti,

y lo cambias en tu interior. No puedes cambiar al espejo, sólo puedes transformarte a ti mismo.

La impaciencia siempre ha sido uno de mis puntos más débiles. Hasta hace pocos años, yo era incapaz de esperar más de diez minutos sin ponerme frenética, pensando que estaba "perdiendo el tiempo". Soy rápida y decidida, y me encanta completar las tareas pendientes de inmediato.
Mi pareja, sin embargo, se toma todo con mucha calma. Puede pasarse horas y horas haciendo algo, cuando yo podría hacerlo en mucho menos tiempo.
Mis ataques de impaciencia con él eran tremendos. Resoplaba y me ponía a dar vueltas a su alrededor como una leona enjaulada, diciéndole una y otra vez que se diera prisa.
Él me miraba y me decía que me mantuviera calma, y seguía tranquilamente haciendo aquello a su propio ritmo.
Mientras estas escenas se repetían con frecuencia, yo me observaba. Y como él permanecía centrado y tranquilo, iba siendo obvio para mí que el "problema" era mío.
Observando y aceptando, dándome cuenta y no juzgándome ni sintiéndome culpable por ser impaciente, aquel patrón fue cambiando por sí mismo.
Cuando veía que me iba a comenzar a impacientar, simplemente respiraba y me relajaba en el momento presente. Y me daba

cuenta de que, sin pretenderlo, había estado atacando a mi compañero, apenas porque su ritmo es diferente del mío.

Entonces por Amor a él, y porque percibía que aquel estado no me hacía bien, éste comenzó a disolverse poco a poco, sin un gran esfuerzo de mi parte.

Y si en algún momento realmente tengo prisa por acabar alguna tarea determinada, prefiero hacerla yo, en lugar de pedirle a él que la haga, pero a mi propio modo o ritmo. Pues pretender cambiar al otro es en realidad una gran falta de respeto.

Muchas veces, en medio de un ataque de impaciencia, mi corazón me decía: "Enriqueta, si no puedes cambiar este patrón por este hombre, con todo lo que le amas, entonces es que no tienes remedio".

Y por increíble que pueda parecer, ahora mi pareja me agradece lo paciente que soy con él.

La llave maestra está en recordar la gran verdad: el otro es apenas nuestro espejo. O un aspecto de nosotros mismos, ya que de verdad somos Uno, y estamos siempre unidos.

Entonces vernos reflejados en el otro es una aventura constante, en la cual muchas veces veremos nuestra belleza, nuestros dones y virtudes, y todo aquello que nos convierte en seres hermosos y plenos.

Sin embargo, en otras ocasiones veremos aquello que hemos estado escondiendo, sobretodo de nosotros mismos, porque lo hemos considerado de antemano como algo malo o negativo. Pero el Amor es aceptación, y sólo podrás amarte de verdad si reconoces y aceptas *todos* tus aspectos, sin compararte con nadie y sin emitir ningún tipo de juicio.

Observar y aceptar, darse cuenta y dejarlo estar... Lo que tenga que cambiar en ti cambiará a su debido momento, pero siempre y cuando antes lo hayas reconocido y aceptado con Amor y comprensión.

Sólo haciendo esto contigo mismo podrás ofrecerles a los demás la misma aceptación y libertad.

En este proceso, ambos somos aprendices y maestros. Todos podemos aprender de los demás, y a la vez muchas veces y sin procurarlo "enseñamos" al otro, no siempre con palabras o largos discursos, sino simplemente siendo tal cual somos.

El Amor de verdad nos transforma, pues nos brinda el mayor impulso para cambiar y crecer. Tu compañero o compañera hará lo mismo, si se ha entregado al Amor y al crecimiento continuo. Entonces este camino compartido se convierte en una armoniosa danza, donde ambos son amados, aceptados y respetados tal cual son, sin críticas, condiciones ni juicios.

La risa

Al ver reflejado en el otro algún aspecto nuestro que nos desagrada, podemos disgustarnos, reaccionar... o reírnos. Nuestro ego suele ser patético, y si no te tomas a ti mismo ni a la vida demasiado en serio, podrás reírte de ciertos comportamientos, de algunos hábitos o manías, y agradecerle a tu compañero que te muestre de un modo claro algo que no tiene sentido mantenerlo.

La risa compartida es la mayoría de las veces la mejor sanadora. Poder reírte de ti mismo, o mostrarle algo al otro de un modo gracioso o divertido, es la garantía de que el crecimiento continúa presente, sin la necesidad de que nadie se ofenda o se sienta herido.

Tu pareja es tu mejor amiga, y cuando lo sientes de este modo, estableces con ella una complicidad hermosa.

Reírnos juntos también de las situaciones que se presentan, aún en los momentos más caóticos o difíciles, es de gran ayuda. Le quita peso e importancia a lo sucedido, y en este estado de ligereza a veces aparecen nuevas soluciones, que no se nos habían ocurrido antes. "Los problemas no existen", me recuerda mi compañero. "Son sólo situaciones que hay que resolver".

La risa crea espacios mágicos, nos une al otro creando complicidad, eleva nuestra vibración y atrae incluso milagros.

La confianza

En este camino también es necesaria la absoluta confianza en la consciencia del compañero. A veces percibimos que nuestro compañero está cometiendo un "error", o tiene hábitos que le resultan dañinos. Y le podemos comunicar, con cuidado y respeto, lo que percibimos. Pero todos los cambios siempre suceden desde dentro. Y si uno no está preparado para hacer un cambio, no importa cuánto nos lo digan: no lo haremos.
En esos momentos es necesaria la confianza; la confianza en que si nuestro compañero necesita hacer un cambio lo hará, cuando llegue su momento. Y le seguimos amando y respetando, y aceptándole sin exigencias ni condiciones de ningún tipo.

Esa es la magia, esa es la alquimia. Cuando el otro se siente amado y aceptado, entonces está dispuesto a dar lo mejor de sí mismo, a cada momento. Y a la vez, si recibimos esto del otro, nos sentimos inspirados a darle el mismo respeto, libertad, y aceptación incondicionales.

Entonces podemos mostrarnos tal cual somos, libres de máscaras y defensas, sintiéndonos seguros y a salvo. Y así la relación se convierte en un oasis, en el cual podemos relajarnos, crear, aprender y nutrirnos.

Individualidad y Unidad

El verdadero Amor disuelve nuestros límites, pues nos lleva más allá de la ilusión de que estamos separados de los demás y de la vida.
El Amor nos conduce, tarde o temprano, a la comprensión de que todos somos Uno.
En las relaciones amorosas sientes que estás unido a la persona amada, te sientes uno con ella. Sabes intuitivamente lo que ella siente, puedes ponerte en su lugar con facilidad, y si ella es feliz, tú también lo eres.
También es posible que te sientas muy unido a alguien que no ves hace mucho tiempo, o incluso que no hayas conocido personalmente. Gracias a internet, cada vez más personas se encuentran y comparten de este modo. Nuestras almas están recordando la verdad de la Unidad también gracias a ese invento maravilloso.

Pero todo lo que está enraizado en la vida encierra siempre una paradoja. Y al mismo tiempo que el otro hace parte de ti y es uno contigo, tú tienes tu propia individualidad.

La individualidad es aquello que te convierte en un ser único, incomparable e irrepetible. Tu propia vitalidad, tus dones y talentos, la plenitud de tu existencia, y todo el Amor que ya eres y llevas dentro.

Desarrollar nuestra individualidad hace parte del proceso de amarnos a nosotros mismos.

Dejar atrás condicionamientos y creencias ajenas, aceptarnos incondicionalmente con todos nuestros aspectos -incluyendo los considerados "malos" o negativos por la sociedad-, desplegar nuestros dones y compartirlos con los demás, dedicarnos a realizar aquello que nos apasiona -ya sea como pasatiempo o profesionalmente-, meditar para ir más allá de la mente y conectar con nuestro auténtico Ser, son los pasos necesarios para descubrir nuestra verdadera individualidad, y poder ser todo lo que en realidad somos.

Una auténtica relación de Amor está formada por dos *individuos,* por lo cual seguir las viejas reglas impuestas por nuestras familias, por la sociedad o la religión no nos sirve para crecer ni para llevar vidas realmente plenas.

Cuando amas a alguien amas también las diferencias que existen entre tu individualidad y la suya.

Son esos contrastes los que brindan riqueza y crecimiento a la relación, y muchos de ellos hacen que nos complementemos, descubriendo en la otra persona aspectos que también podemos desarrollar en nosotros mismos.

En la vieja era que estamos dejando atrás, debíamos renunciar a nuestra individualidad para poder estar en pareja. Sólo de esa manera podíamos intentar encajar en los modelos que nos habían impuesto para relacionarnos. Y esto nos ha llevado a una profunda frustración y desdicha.

Sin embargo, en una verdadera relación de Amor nuestra individualidad crece y florece. Podemos expresar plenamente quiénes somos, con todas nuestras facetas, conocidas y desconocidas. Así el otro nos descubre, y nos vamos descubriendo también a nosotros mismos.

Las relaciones amorosas son como una bella danza: nos perdemos en el otro, nos fundimos con él, para luego reencontrarnos con nuestro ser individual.

Habrá momentos en los que necesitaremos estar a solas con nosotros mismos, ya sea para meditar, crear, disfrutar de algún pasatiempo, descansar o para simplemente disfrutar de nuestra propia compañía.

De hecho, sólo dándote momentos de calidad a solas contigo mismo, podrás luego compartir instantes valiosos con tu pareja o amigos.

En nuestro interior existen espacios que nunca podremos compartir con nadie. Esa   soledad hace parte de nuestro Ser e individualidad, y es una condición natural e inevitable.

El verdadero Amor no huye de la soledad, sino que conoce a fondo sus tesoros y secretos.

Sin embargo en otros momentos querremos estar con nuestra pareja o amigos para crear juntos, o para simplemente disfrutar de su compañía, compartir y sentirnos nuevamente una Unidad.

Ambas polaridades son importantes y necesarias; nuestra individualidad y la relación.

El crecimiento y la armonía suceden cuando les damos espacio y tiempo a ambas.

La magia

Lo que en realidad buscamos en nuestras relaciones es la *magia*. Por detrás del deseo de sexo, intimidad y compañía, lo que nuestras almas anhelan es poder sentir la magia. Es ella la que le da riqueza, profundidad, impacto, sentido, belleza y valor al sexo y al Amor. Y la magia puede curar, transformar y trascender.
Para establecer relaciones amorosas mágicas, debemos comprender que no buscamos una relación para darle un sentido a nuestras vidas, sino que expresamos *en* la relación la verdad de quienes somos. Y esa es la verdadera magia, que puede estar presente también en la amistad y en todo tipo de relaciones.

Pero la magia puede ser destruida. Entablar luchas de poder, hacer chantajes emocionales, entrar en el papel de víctima, hacer de la relación un escenario para nuestro ego, culpar al otro o a nosotros mismos por lo que sea que ocurra, hace que la magia quede hecha añicos. Y entonces la relación se convierte en una fuente de dolor.

Las resistencias

Algo que destruye la magia y hace que las relaciones sean muy difíciles y dolorosas, son las resistencias que hemos creado.
Todos hemos sido engañados, abandonados o heridos, en alguna medida, en nuestras relaciones. Y eso duele. Entonces creamos inconscientemente resistencias, mitos y generalizaciones: "Las relaciones hacen esto", "Todos los hombres hacen aquello", "En las relaciones no es posible esto", etc.
Y no nos permitimos estar verdaderamente vulnerables con el otro, por miedo a sentir dolor. Pero esas resistencias y el miedo a sentir dolor sólo generan más dolor.

Es importante comprender que lo que sea que haya ocurrido en cualquier relación cumplía un propósito: sucedió para que aprendiéramos algo.
Si no nos colocamos en el papel de víctima, y nos dedicamos a aprender de todo lo que nos sucede, ganamos comprensión y sabiduría, y entonces estamos libres para hacerlo de otro modo de ahí en adelante. De lo contrario, atraeremos el mismo tipo de situación o

relación una y otra vez, hasta que aprendamos la lección.

La vida es verdaderamente una gran escuela.

Para superar estas resistencias es necesario que seamos humildes.

El verdadero significado de la *humildad* es recordar que, porque algo haya sido de un determinado modo en el pasado, no significa que tendrá que volver a ser así. La auténtica humildad es reconocer que todo puede cambiar y ser diferente, a cada momento.

Cuando eres humilde comprendes que no puedes hacer generalizaciones ni crear mitos, pues cada persona, relación o momento pueden ser distintos.

Hacer las paces con el pasado

Para compartir relaciones mágicas es muy importante haber hecho las paces con todas nuestras relaciones anteriores: las buenas y las difíciles, las bellas y las dolorosas. Hacerlo es fundamental, para no arrastrar a nuestra nueva relación las heridas no sanadas de nuestro pasado.

Perdonarnos a nosotros mismos y perdonar a nuestros padres, a nuestras parejas anteriores y a nuestros amigos es imprescindible para poder compartir Amor de un modo sano y mágico.

Si hemos tenido relaciones dolorosas, difíciles o traumáticas con nuestros padres, con algún miembro de nuestra familia o con alguna pareja, o tenemos serios conflictos con nuestra pareja actual, recomiendo ampliamente las *Constelaciones Familiares.**

Este trabajo terapéutico es muy amoroso y eficaz. En manos de un profesional cualificado, sus resultados pueden llegar a ser milagrosos.

Yo comencé a hacer terapias en la adolescencia, pues he tenido una infancia sumamente dolorosa y difícil. He trabajado siempre a fondo para sanar mis heridas, y me he abierto a toda clase de trabajos terapéuticos. Pero fue sólo al comenzar a hacer las Constelaciones Familiares que pude notar un cambio significativo. Ellas trabajan a nivel del alma, individual y colectiva, pues cada familia tiene su propia alma.

Cuando hay desorden y uno no ocupa el lugar que le corresponde en su familia -si un hijo tiene que cumplir el papel de padre de sus hermanos, por ejemplo-, el Amor no puede fluir, queda bloqueado, y esto afecta a nuestras relaciones afectivas, a nuestro trabajo, nos impide gozar de prosperidad, y perturba todas las áreas de nuestra vida.

*Puedes encontrar mucha información acerca de las Constelaciones Familiares, así como de su creador, Bert Hellinger, buscando en Google.

Los desórdenes en una familia la mayoría de las veces provienen de problemas no resueltos en generaciones anteriores. Y si no se trabaja a fondo para recuperar la armonía y restaurar los vínculos, esos mismos problemas y bloqueos se trasladan a las generaciones siguientes.

Malos tratos físicos y verbales, abandonos, infidelidades y traiciones, miembros de la familia que han sido excluidos o asesinados... Todo esto hace prácticamente imposible que podamos mantener relaciones afectivas sanas, tener una economía próspera o lograr el éxito en la vida.

Un día, meditando, le pregunté a mi alma: "¿Por cuánto tiempo tendré que estar sanando mis heridas?" La respuesta fue clara y concisa: "Hasta que ya no duela..."

El dolor ocupa el espacio del Amor. Por eso es tan importante haber sanado y perdonado todo nuestro pasado, pues sólo así podremos amarnos y amar al otro de un modo profundo y completo.

La perfección

Otro gran error que a veces cometemos en nuestras relaciones es la búsqueda de la perfección.

Esa búsqueda es destructiva, porque no hemos sido creados para ser perfectos.

La perfección no está en el orden natural de nuestras existencias. Por eso es imposible alcanzarla.

Las relaciones, como nosotros mismos, cambian, son dinámicas. Y en ese proceso no existe la perfección, sino un movimiento constante de evolución.

Por supuesto que uno querrá crecer, tanto a nivel individual como en la pareja, pero al hacerlo no busca la perfección, sino el despliegue de nuestro propio potencial.

Crear en nuestras mentes un modelo o ideal de relación sólo nos lleva a la frustración. No podemos compararnos a nadie, ya que cada individuo es único e irrepetible.

Lo mismo sucede con las relaciones; cada relación es única, y deberá encontrar su propio camino para crecer y desenvolverse.

El ego

La relación también se torna difícil y dolorosa cuando la usamos como un "adorno" para nuestro ego: pensar que "tenemos" una relación, en lugar de sentir que *compartimos* Amor en una relación.

No podemos poseer al otro, como tampoco poseemos una relación. El Amor es libertad, y la posesividad no tiene cabida en una verdadera relación amorosa.

Con esta comprensión no damos cabida a los celos, que siempre son enfermizos.

Pensar y sentir: "esta mujer hermosa es *mía*", por ejemplo, es destructivo, porque estás confinando al otro a ser un objeto.

También crea dolor pretender que el otro nos haga reales e importantes, pensando: "Si mi pareja es importante, estar con ella me da importancia".

Si tu pareja es exitosa, importante, próspera o lo que fuera, es porque ella se ha sanado del pasado, se ama a sí misma y está manifestando sus propios dones y potencial. Pero todo esto es parte de su camino, de su propio crecimiento e individualidad.

Sin embargo, recuerda que el otro es tu espejo. Quizás tu pareja o amigo te esté mostrando que tú también puedes lograr ese mismo éxito, prosperidad, etc., pero desarrollando tus propios dones, sanando tus bloqueos o heridas y recorriendo tu propio camino.

Ese es el verdadero propósito de una relación: que ambos puedan crecer y expandir su individualidad.

El ego también interfiere cuando competimos con el otro, viendo quién va a ser el líder, quién va a dictaminar cómo se harán las cosas, queriendo que todo se haga a su modo, en lugar de *crear juntos*, formando un equipo. Siempre está el "yo", y nunca el "nosotros".

Todo esto hace que las relaciones sean dolorosas porque proviene del ego, y el ego crea separación y sufrimiento.

Crear juntos

Otro anhelo que se encuentra en nuestro interior es el de querer crear junto a quienes amamos.

Compartir Amor es un acto creativo, y crear con quien amas será siempre un maravilloso modo de mantener la magia viva.

Podemos cocinar un plato especial con nuestra pareja, hacer un huerto o un jardín, participar en un proyecto conjunto con amigos, decorar nuestro hogar, compartir actividades o hobbies... Las posibilidades de crear algo con quienes amamos son infinitas.

También es importante tener en cuenta que la propia relación es un acto creativo. La creamos y recreamos a cada día, pues está viva.

Proponer cambios, hacer nuevos acuerdos, romper hábitos y rutinas, y descubrir nuevos modos de compartir momentos de calidad con nuestro compañero, es un acto sumamente creativo.

Cuando tomamos la relación por sentada, o permitimos que se torne monótona y estática, vamos perdiendo la magia, cuando en realidad es la magia lo que más anhelamos experimentar en nuestras relaciones amorosas.

El poder

Otro gran malentendido generalizado es que, si amamos a alguien, debemos entregarle nuestro poder.

El verdadero poder es nuestra *capacidad de actuar*. Cuando hacemos uso de nuestro poder, actuamos y hacemos lo que sea necesario para brindarnos a nosotros mismos aquello que queremos o precisamos.

Pero si esperas que el otro "te haga feliz", "te de placer", se encargue de tu supervivencia, te valore o reconozca, etc., le estás entregando tu poder. Y al hacerlo te sientes débil, dependiente, vacío y triste. Y quien recibe nuestro poder se siente agobiado, pues está cargando un peso y una responsabilidad que no les corresponde.

Y entonces comienzan las luchas de poder: uno lucha por recuperar el poder perdido, o quiere quitarle el poder al otro, sin darse cuenta de que en el fondo no quiere ni necesita cargar con ese peso.

Este malentendido es una de las mayores causas de sufrimiento en las relaciones personales.

Este juego se crea la mayoría de las veces inconscientemente. Repetimos este patrón por inercia, por haber sido condicionados a hacerlo.

Por eso es tan importante que cada miembro de la relación se haga consciente de este proceso, y se dedique a amarse y a hacerse responsable de sí mismo.

Si tú tienes ganas de salir, por ejemplo, pero por la razón que fuera tu pareja no quiere hacerlo, puedes dejar el paseo para otro día, pero sin hacer demandas ni chantajes emocionales. También puedes salir solo, o reunirte con amigos.

Si no eres feliz en algún aspecto de tu vida, es tu responsabilidad hacer los cambios necesarios para que te sientas satisfecho con lo que experimentas.

El otro apenas camina a tu lado, pero no puede llevarte sobre sus espaldas, como si fueras un peso muerto. Y posiblemente tú tampoco querrás tener que "cargarlo".

Cuando dos personas que se aman están *empoderadas*, cada una haciendo uso de su propio poder, se crea una relación sana y fuerte, formada por dos individuos completos.

Sólo así el Amor puede fluir de un modo auténtico.

La víctima

Las personas que se sienten víctimas están entregando su poder. Se sienten indefensas, débiles, incapaces de hacer algo concreto para cambiar su realidad. Tienen que soportar los malos tratos de alguien, un trabajo que no les satisface, o cualquier situación que les hace infelices, y sufrir a causa de lo que muchas veces ellas denominan el "destino".

Puedes caer en esta trampa de sentirte una víctima, pero si recuerdas que todo lo que te sucede lo has atraído tú, -consciente o inconscientemente- para aprender algo, te estás haciendo responsable. Al hacerlo te estás amando a ti mismo, pues estás retomando las riendas de tu vida en tus manos. Y entonces ya no entregas tu poder.

Aprendes las lecciones, te perdonas y perdonas al otro, y haces los cambios que sean necesarios para cambiar tu realidad.

Tampoco puedes sentir culpa o culpar a los demás, pues sabes que todos estamos haciendo lo mejor que podemos. Las víctimas culpan y castigan al otro, manipulan y entregan su poder.

Recuerda también que nadie puede hacerte nada que tú no permitas. Es tu responsabilidad poner límites, o dejar atrás a aquellas personas o situaciones que no te respetan ni valoran.

El amor y la autocompasión son opuestos uno al otro. No puedes sentir pena por ti mismo y

Amor al mismo tiempo. Si caes con facilidad en el papel de víctima, debes amarte y valorarte más. Así como también hacerte responsable, recuperando el poder de crear tu propia vida.

El tirano

Un mal uso de nuestro poder es convertirnos en dictadores: dar órdenes, tomar por nuestra propia cuenta todas las decisiones, sin consultar nada con el otro, y pretender que la pareja haga siempre lo que uno desea.

Quien cae en este patrón suele ser alguien egoísta, que no toma en cuenta las necesidades ajenas, ni respeta la libertad de los demás. Todo gira en torno a su ego, y no es capaz de sentir verdadero Amor por el otro. Teme estar vulnerable y abierto, y entonces se esconde bajo la fachada del tirano.

El mejor modo de superar este patrón es aprender a amarse a uno mismo de verdad, pues sólo si eres amoroso contigo mismo podrás serlo con los demás.

También es necesario sanar el dolor acumulado del pasado, pues este comportamiento en realidad oculta heridas emocionales de la infancia. Quien más "fuerte" aparenta ser en el exterior, suele ser quien más vulnerable e indefenso se siente en su interior.

El Amor, si es verdadero, al ser compartido también va barriendo del escenario todos estos patrones. Cuando amas a alguien, ponerte en su lugar, respetarle y tenerle en cuenta sucede de una manera natural.

Los desacuerdos

También nos han condicionado a pensar que en las relaciones amorosas todo será siempre armonía y entendimiento, y que nunca habrá desacuerdos.

Los cuentos de hadas, las novelas, las canciones y las películas románticas nos han sugestionado con meras ilusiones, que nos han llevado a sentirnos frustrados e impotentes cuando nos deparamos con la realidad.

Los desacuerdos son inevitables, y también necesarios. No hace falta pelear ni hacer daño, pero si nunca hay desacuerdos, significa que alguno de los dos se está negando, y no está expresando su verdadera individualidad. Y tarde o temprano esta falsa armonía nos llevará, como mínimo, al desencanto.

No es obligatorio estar de acuerdo con la pareja o con nuestros amigos en todas las áreas de nuestras vidas. A veces es sólo cuestión de respetar y aceptar el camino del otro.

Desde muy joven siempre me sentí atraída por la sabiduría oriental. Mi marido, sin embargo, fue iniciado por chamanes. Para él la conexión con la Virgen de Guadalupe es muy profunda, y parte del trabajo que mi compañero realiza es con la ayuda de la Virgen.
Esta gran diferencia entre nuestros respectivos caminos espirituales no ha sido un obstáculo para amarnos y convivir en armonía.
Él me explicó en qué consiste su trabajo interior, y si bien es diferente al mío, siempre lo he respetado. Incluso aprendí a conectar con la Virgen, así como mi compañero ha integrado en su vida, y por sí mismo, varios aspectos de mi camino.
Y lo que podría haber sido motivo de serios conflictos, en realidad nos ha brindado a ambos una mayor riqueza.

Es importante ser flexibles, sentir empatía y poder ponernos en el lugar del otro. Muchas veces tenemos que encontrarnos a medio camino con los demás cuando se presentan desacuerdos: hacer tratos, descubrir juntos nuevos modos de hacer las cosas y proponer intercambios, siendo conciliadores y creativos. Y al mismo tiempo, sin renunciar a aquello que para nosotros es de verdad significativo. Se trata de encontrar el equilibrio.

A la hora de hacer acuerdos, hay que tener presente que posiblemente algunos de ellos tendrán que cambiar con el paso del tiempo.

Así como nosotros nos transformamos, también lo hace la relación, y pretender que los acuerdos que hayamos establecido sean estáticos, puede conducirnos a crear conflictos innecesarios, o a limitar nuestra crecimiento y la expansión de la relación.

El miedo a la pérdida

Cuando amamos a alguien, tememos perderlo. Pero cualquier miedo es lo contrario al Amor. Además no podemos poseer al otro, y por más que queramos garantizar que la persona amada permanecerá a nuestro lado siempre, la vida nunca ofrece garantías. Y esa es precisamente la magia: gracias a esta incertidumbre podemos apreciar con intensidad cada momento compartido.

La necesidad de sentir seguridad en todas las áreas de nuestras vidas está basada en el miedo, y ha sido inculcada por la sociedad. Y cuando queremos controlar a los demás o a las situaciones que se nos presentan, es porque estamos sintiendo miedo.

Por causa de esta búsqueda sobrevalorada de la seguridad muchas personas no se atreven a experimentar nuevas situaciones, y prefieren hacer siempre lo mismo, de la misma manera, a animarse a probar otros caminos y a abrirse a nuevas experiencias. Y esta actitud hace que no vivamos, o que vivamos al mínimo, limitando nuestro crecimiento y felicidad.

O entonces establecen relaciones en las que la posesividad, los celos, la necesidad de controlar y dominar al otro están presentes, y creen que lo hacen porque aman mucho al otro. Y nada está más lejos del Amor que todos estos patrones y actitudes.

Los celos

Hemos sido condicionados a pensar que las personas nos pertenecen. Y no hay nada menos amoroso que reducir al otro a ser un objeto, pues denota una falta total de respeto.

De esa creencia errónea de que puedes poseer a alguien surgen los celos, que crean situaciones dolorosas y difíciles.

No puedes poseer a nadie, y cuanto antes lo comprendas, antes podrás amar de verdad.

Los celos también surgen por la falta de valoración de uno mismo. Temes que alguien ocupe tu lugar, o que tu pareja encuentre a alguien "mejor" que tú.

Pero si te amas y te valoras a ti mismo, sabes que eres único e irremplazable. Nadie podrá nunca darles a los demás lo que tú das, ni de   la misma forma en que tú lo haces. Sabes de todo corazón que eres incomparable.

Con esta comprensión sientes seguridad, crees en ti mismo y en tu valor, y puedes compartir Amor de un modo desapegado, ligero y libre. Amar es *confiar*. Confías en la vida, en tu pareja, en el Universo y en ti mismo. No esperas tener garantías, simplemente confías en que lo que sea que suceda será lo mejor para todos.

Cuando sientas miedo a la pérdida, el mejor antídoto es *amar más*.

Siente el Amor en el mismo instante en el que te das cuentas de que estás sintiendo miedo o inseguridad. Abraza a tu pareja, regálate unos momentos de calidad contigo mismo, o entra en contacto con la naturaleza. Recuerda que el miedo es creado por la mente, que proyecta en el futuro aquello que teme que suceda, lo cual no tiene por qué ocurrir en realidad.

Sal de la mente, conecta con tu corazón, vive con intensidad el momento presente y siente el Amor. Entonces el miedo se esfumará.

También podemos ayudar a nuestra pareja o amigo a reducir el miedo a la pérdida siendo fiables, demostrando nuestro cuidado y respeto, y manteniendo la comunicación siempre renovada y abierta. Esto brinda un sentido de seguridad necesario en cualquier relación.

Si por ejemplo no puedes responder de inmediato un e-mail de alguien que amas y está lejos, quizás puedas escribirle una breve frase en la cual le avisas que ya te comunicarás cuando tengas más tiempo.

Si llegarás a casa más tarde de lo previsto, llamas a tu pareja por teléfono y le avisas.

Esos pequeños gestos son muchas veces necesarios para mantener el sentido de seguridad presente en las relaciones que para ti son significativas.

Pero en la medida en que ambos miembros de la relación aprendan a confiar más uno en el otro y en la propia vida, y cuando el Amor que les une siga profundizándose y creciendo, incluso estos gestos van dejando de ser necesarios.

Sabes que tu amigo te escribirá cuando llegue el momento adecuado. Confías en que si tu pareja no te llamó para avisarte que llegará más tarde, es porque está bien, pero por alguna razón no ha podido hacerlo.

El control

Cuando el miedo a la pérdida está presente, empezamos a querer controlar a los demás.

La mayoría de las peleas se originan cuando uno o los dos están queriendo controlar al otro, pues este miedo se enmascara detrás de la ira.

Cuando controlas te enojas.

Si estás peleando con alguien que amas, podrás reconocerlo: "Estoy controlando ahora, estoy queriendo controlarlo". O quizás: "Estoy intentando protegerlo, estoy queriendo mantenerlo seguro a mi manera". Y esto no es amoroso, a pesar de que nos hayan condicionado a pensar lo contrario. Pero si de verdad amas, el control poco a poco se desvanece.

La sobreprotección no es Amor. Podemos ver los efectos nocivos de la sobreprotección en la actitud de muchos padres, que por "amor a sus hijos" les cortan las alas, les inculcan muchos miedos e inseguridades, quitándoles -aún sin pretenderlo-, todo el poder que ellos necesitan para confiar en sí mismos y enfrentar los retos inherentes a la vida.

El verdadero Amor nos brinda justamente lo opuesto; nos ayuda a crecer y a desplegar nuestras alas, para que podamos ser y expresar todo lo que somos.

El Amor siempre nos brinda fuerza.

Si tu pareja o algún amigo está queriendo controlarte, en lugar de reaccionar y enfadarte, puedes simplemente decirle: "Está todo bien, no temas, por favor, ¡confía!".

A veces estas simples palabras producen un efecto maravilloso en el otro, porque le recuerdan el Amor.

También puedes conversar con la persona, y decirle: "Puedo comprender que tienes miedo de perderme o de que me suceda algo malo, pero el modo como lo estás haciendo no funciona para mí. Comprendo que cuando tratas de controlarme tan sólo estas queriendo estar seguro. Pero tu necesidad de seguridad para mí es fatal y me sofoca, y no jugaré a este juego, pues es destructivo para mí. Por respeto a mí mismo, no puedo permitir que me controles".

Expresar esto puede ayudarle al otro a tomar consciencia de su patrón, y por Amor a sí mismo y a ti es muy probable que decida soltar su necesidad de controlar.

Es el Amor el que puede liberarnos de la necesidad de control. Cuando esa necesidad es liberada, es sólo cuestión de tiempo para que estos patrones caigan.

Si las peleas con tu pareja o amigos son frecuentes, toma consciencia de tu miedo a la pérdida y de tu necesidad de controlar. Entonces abre tu corazón, confía y ámales más y mejor.

El miedo es oscuridad, el Amor es luz. Pero la oscuridad en realidad no existe, pues es apenas la ausencia de luz.

El mejor modo de superar el miedo y la necesidad de controlar es sentir y conectar siempre con el Amor. Cuando estás en un estado de Amor, sólo hay confianza en tu corazón.

Los roles

Es necesario liberarnos de los antiguos roles que la sociedad nos ha impuesto, pues muchas veces atentan contra quienes somos de verdad. Y si no los sentimos, no tiene el menor sentido desempeñarlos.

A mi compañero le encanta cocinar, y suele preparar verdaderos banquetes. Puede pasarse varias horas en la cocina, y mientras lo hace canta a todo pulmón, pleno de alegría.

Para mí, por el contrario, cocinar nunca ha sido una de mis actividades preferidas. Raramente me siento inspirada, y la mayor parte de las veces no tengo ni idea de qué plato podría preparar. Cuando vivía sola me contentaba con frutas y ensaladas, para entonces tener más tiempo para dedicarme a escribir o a pintar.

Claro que muchas veces también cocino, y en ese día comemos entonces platos poco elaborados, pero sanos y ricos. Y en ciertas ocasiones nuestros horarios no coinciden, entonces cada uno come lo que quiere, a la hora que puede.

Vamos intercambiando las diversas tareas que deben hacerse, dependiendo de cómo cada uno se encuentre, del trabajo que tenga que realizar y de sus gustos y preferencias.

Si convivimos con nuestra pareja o con alguien más, muchas veces el cumplimiento de las tareas que cada uno debe hacer se convierte en algo automático.

Pero después de determinado tiempo, puede ser que el otro o tú mismo ya no tengáis deseos de continuar haciendo aquello. En estos casos es necesario comunicarlo, para encontrar una solución que sea buena para ambos.

Es importante cambiar tareas y obligaciones por deseos y pasiones, así mantenemos la magia siempre presente.

La igualdad

La palabra *pareja* significa, literalmente, *de igual a igual*. Y el Amor sólo puede fluir en un espacio de igualdad con los demás.

A nivel del alma somos todos iguales, y en una relación sana, los dos pueden sentir que están en una posición de igualdad con el otro, pues ambos disfrutan de la misma libertad para ser tal cual son.

Esta igualdad es una cualidad del alma, y no se basa en las comparaciones: quién gana más o menos dinero, quién es más o menos exitoso, etc.

La igualdad significa que ambos tenemos la misma libertad y oportunidades para ser tal cual somos, y para crecer, desarrollar nuestros dones y expandir la propia individualidad.

Hombre y mujer internos

Para ir más allá de los roles estereotipados, es necesario que ambos miembros de la pareja hayan encontrado su polaridad opuesta en sí mismo. Desarrollar nuestros lados femenino y masculino en uno mismo es vital para sentirse completo.

También aporta a la relación de pareja una mayor riqueza, y brinda a ambos una gran libertad y creatividad.

Y si los dos miembros de la pareja han desarrollado sus polaridades masculina y femenina en su interior, esta igualdad se amplía y profundiza.

Un hombre que ha desarrollado su lado femenino no le teme a sus emociones. Se atreve a estar vulnerable, a expresar lo que siente, puede pedir y recibir, y se permite ser tierno y sensible. Desenvuelve también su capacidad de cuidar y nutrir.

Una mujer que tiene desarrollado su lado masculino es independiente, puede ir en busca de lo que quiere o necesita, siente confianza en sí misma y desenvuelve sus facultades intelectuales.

En una relación en la cual ambos han desarrollado su polo opuesto, a veces será el hombre quien nutra y cuide, mientras que en algunos momentos la mujer podrá ser más activa o productiva.

Pueden sentirse libres para intercambiar roles o papeles con facilidad, de acuerdo a lo que cada uno sienta, o dependiendo de las situaciones y las necesidades que se presenten.

Este equilibrio entre el lado femenino y masculino debe ir siendo encontrado dentro de uno mismo.

Sin embargo, al relacionarnos con alguien del sexo opuesto en una relación íntima, podemos desarrollar este balance con mayor facilidad, pues el otro es nuestro espejo, en el cual vamos viendo reflejados nuestros diferentes aspectos y polaridades.

La responsabilidad

La verdad es que todos somos responsables de nosotros mismos el cien por ciento. Cuando no asumimos esta responsabilidad, acabamos entregando nuestro poder, sintiéndonos débiles e impotentes.

Debemos recordar que el otro no está obligado a amarnos ni a permanecer a nuestro lado, y que nuestra felicidad sólo depende de nosotros mismos, y no de nuestros hijos, amigos o pareja.

Es nuestra responsabilidad darnos a nosotros mismos lo que sea que queramos y necesitemos.

En una verdadera relación de Amor estamos conscientes de que ya somos seres completos, y no necesitamos que nuestra pareja nos cubra ninguna carencia o vacío.

Desde luego esto no significa que no podamos contar con los demás, pedirles nuestra ayuda en algo determinado, responder a alguna de sus necesidades o cuidarles. Pero esto se da y se recibe desde la libre elección, como una expresión de Amor, y no como una obligación que el otro o uno mismo deba cumplir.

Este cuidado y apoyo surgen de un modo natural y espontáneo, y se comparten desde la alegría, en un estado interior ligero. No supone un peso o una carga para nadie, sino todo lo contrario.

La culpa

La culpa es creada por las voces de la sociedad y de la religión, que están introducidas en nuestras mentes, y con las cuales acabamos identificándonos. Esa es la razón por la cual meditar es tan importante, pues es el camino para poder distanciarnos de esas voces ajenas, que nos condenan y castigan.

Hacerse responsable también es el mejor modo de no sentir culpa, ni de culpar a los demás.
Te haces responsable por la situación o realidad que has creado, pues todos creamos nuestra realidad, a cada momento. Y si no te gusta o no te hace bien una determinada situación meditas, aprendes las lecciones para no volver a repetirlas, te perdonas y perdonas al otro -si fuera necesario-, y cambias.
De este modo te mantienes en tu poder y vas adquiriendo sabiduría. Pues en realidad son las experiencias de la vida las que nos tornan sabios.

Es muy recomendable que aprendas a crear tu propia realidad de un modo consciente. Afortunadamente hoy en día hay muchos libros y cursos que enseñan a hacerlo, y dedicarte a aprender las leyes de atracción y cómo crear las realidades que deseas es esencial para que puedas vivir de un modo pleno.

Cuando de verdad amas a alguien, nunca piensas que la culpa es de la otra persona.
Buscas en tu interior las razones por las cuales te has comportado de determinado modo, o por qué has creado inconscientemente una determinada situación. Entonces averiguas qué lecciones debes aprender, o qué debes cambiar en ti mismo.
No puedes cambiar a los demás, pero si tú cambias, tu realidad también lo hará, con certeza.

Hacerse responsable del otro

Otro condicionamiento que nos han inculcado es que debemos hacernos responsables por lo que la otra persona siente. Y esta creencia nos ha llevado a renunciar a nuestra individualidad. Pero la verdad es que cada uno de nosotros posee la libertad de elegir cómo quiere sentirse, a cada momento. Siempre podemos elegir cómo enfrentar las situaciones y retos que nos trae la vida.

Podemos caer en el papel de víctima, o elegir enfrentar una determinada situación con valentía, dispuestos a aprender algo nuevo acerca de nosotros mismos y de la vida.

De ningún modo esto significa que podemos hacer y decir cualquier cosa que se nos antoje, sin respetar al otro, o sin tenerlo en cuenta. Esta actitud es inmadura y egoísta.

Lamentablemente, por causa de este malentendido, algunas personas que se consideran "espirituales" pueden llegar a ser incluso crueles.

Pero si dejamos de hacer algo que para nosotros es importante -ya sea porque nos ayuda a crecer, a desarrollar nuestra creatividad o a expandir nuestra carrera profesional, por ejemplo-, por miedo a que nuestra pareja se sienta abandonada, sola o herida, no le estamos haciendo ningún favor, y nos haremos mucho daño a nosotros mismos.

El Amor no nos pide sacrificios. El verdadero Amor debe apoyarnos incondicionalmente en nuestro crecimiento, en nuestra expansión y en el desarrollo de todo nuestro potencial.

Si en algún momento el otro se siente amenazado o dolido por algo que sentimos que debemos hacer, podemos ser respetuosos y comprensivos con él, y mostrarle una manera distinta de enfrentar aquello. Y si la situación es muy difícil o dolorosa, siempre se puede recurrir a la ayuda de un sanador o terapeuta.

Obviamente, esto también es válido para ti mismo. Si tu amigo o pareja necesita realizar algo nuevo, o está atravesando cambios importantes en su vida, si le amas le apoyarás incondicionalmente.

Si estos cambios a ti te hacen sentir inseguro o dolido, recuerda que esa persona es tu espejo; te está mostrando, quizás sin pretenderlo, una herida abierta que debes sanar. Y es tu entera responsabilidad hacerlo. No puedes impedirle al otro ser quien es, ni pretender que deje de realizar algo significativo para su vida, simplemente porque a ti te duele, te da miedo o te molesta.

El verdadero Amor *es* libertad. Libertad para que ambos podamos ser quienes somos, con todo lo que ello implica.

Y es entonces cuando debemos regresar a la consciencia de Unidad. Si el otro cambia y crece, tú también lo harás. Si tú te expandes y floreces, tu pareja o amigo también lo hará.

"Yo soy tu otro tú", dicen los mayas. Y es verdad.

Compromiso y libertad

En las relaciones de la antigua era, se le daba mucho énfasis al compromiso; uno debía firmar un "contrato" con la pareja, en el cual se comprometía a seguir a su lado siempre, más allá de si el Amor entre ambos seguía o no presente. Con el paso del tiempo, uno acababa junto a su pareja por obligación.

Este modelo ha creado mucho sufrimiento en el mundo, y la llegada del divorcio ha supuesto para la mayoría una gran liberación.

Pero muchas personas se divorcian y luego vuelven a casarse, y al cabo de cierto tiempo se divorcian nuevamente. Repiten una y otra vez el mismo modelo de relación, sin sanarse, aprender, ni hacer cambios en su interior.

Otras personas le tienen pánico al compromiso, y se limitan a tener relaciones efímeras o superficiales.

Ellas alegan que no quieren perder su libertad, y puede ser cierto; pero sé por mi propia experiencia que el miedo al compromiso es, muchas veces, el miedo a enfrentarse con nuestras heridas más profundas. Pues es en la intimidad de una relación comprometida donde aflora también nuestro dolor y aquello que debemos sanar.

El compromiso

Algo que debemos comprender es que en realidad el compromiso que asumimos es con *nosotros mismos*: nos comprometemos de cuerpo y alma a permanecer en la relación para crecer, aprender y descubrir a diario el arte de amar cada vez más y mejor.

Aceptamos el reto de vernos a nosotros mismos desnudos, sin defensas, permitiéndonos ser honestos y vulnerables frente al otro. Y si alguna herida aflora, la sanamos con Amor y aceptación.

El Amor requiere coraje, y el coraje proviene del corazón. El Amor es para los valientes.

En ese compromiso que asumimos con nosotros mismos, y también con el otro -pues él es nuestro espejo-, nos estamos haciendo *responsables*: nadie saldrá corriendo ante el primer desafío o conflicto que surja. Decidimos con consciencia que aprenderemos, creceremos y nos perdonaremos todas las veces que sean necesarias.

Para poder asumir esta decisión es preciso que seamos maduros emocionalmente, lo cual no depende de la edad que tengamos, sino de lo cuánto nos conozcamos, y de lo dispuestos que estemos a hacernos responsables, a sanarnos y crecer.

"Me quedaré aquí, contigo en esta relación, pase lo que pase... siempre y cuando continúe presente el Amor".

Este es en realidad el trato que deberíamos establecer con nuestras parejas, pues es consciente y honesto.

Y lo mejor será revisarlo a diario, pues de este modo estaremos eligiendo conscientemente a nuestra pareja, a cada día.

Mientras el Amor siga presente, estar junto a nuestro compañero en la salud y en la enfermedad, o en la riqueza y en la pobreza, sucede de un modo natural, sin ningún tipo de esfuerzo o sentido de la obligación.

El desapego

Si en algún momento de nuestro camino sentimos que el Amor por el compañero ya no está presente, o él siente eso mismo con nosotros, no es necesario vivirlo como un drama o un fracaso. Significa apenas que nos hemos transformado, y que el Amor que nos unía ha cambiado de forma. También puede significar que ya hemos aprendido todas las lecciones que podíamos en esa relación. Entonces nos despedimos con gratitud, perdón y desapego.

Es el apego el que crea sufrimiento. Pero si comprendemos que al dejar partir al otro estamos creando un espacio abierto para que llegue lo nuevo, entonces aceptamos de corazón el final de esa etapa de nuestra vida con aquella persona, y nos despedimos deseándole siempre lo mejor.

A veces será necesario atravesar la etapa del duelo, pues éste también hace parte de la vida. Pero puedes vivir el duelo con aceptación, expresando el dolor que sientes, y al mismo tiempo sin desesperarte. Comprendes que es un proceso necesario, y sabes que al final del túnel volverás a ver la luz.

Entonces nos deparamos con otra paradoja: tarde o temprano comprendemos que el Amor por esa persona sigue y seguirá presente siempre, pues el Amor en realidad es eterno.

Si hemos aprendido todas las lecciones, nos hemos perdonado y hemos perdonado al otro, nos daremos cuenta de que en el fondo siempre amaremos en silencio a quienes una vez hemos amado en voz alta.

La fidelidad

Un tema importante que está relacionado con el compromiso es el de la fidelidad.

Muchas parejas han sido fieles por miedo a algún tipo de castigo -ya fuera religioso, o por los juicios de la familia o la sociedad-, o por miedo a la soledad.

Pero el miedo es lo puesto al Amor, por eso si estamos con alguien por causa de cualquier miedo -miedo a estar solo, miedo a no tener dinero suficiente para sobrevivir, etc.-, no estamos en una relación amorosa, sino es una de dependencia. Y este tipo de relaciones nunca nos puede llevar a sentir gratitud, paz ni felicidad.

Para romper con los viejos condicionamientos y tabúes, en la década de los sesenta comenzó a propagarse "el amor libre": muchas personas empezaron a tener relaciones sexuales sin necesidad de casarse o entablar un compromiso afectivo con su amante, y se rompieron todas las reglas y esquemas.

Hombres y mujeres de muchos países comenzaron a explorar su sexualidad de diferentes maneras, con distintas personas, entablando incluso relaciones abiertas, en las cuales era válido tener más de un amante o compañero sexual.

Esto fue muy liberador, y muchas personas pudieron explorar a fondo su sexualidad y las diferentes maneras posibles de relacionarse con el sexo opuesto. Sin embargo, la mayoría de estas relaciones acababan siendo superficiales. Luego llegó el Sida, y con él llegó también la necesidad de revaluar este tipo de relaciones. Para la mayoría comenzó a quedar claro que ese no era el camino.

La verdad es que cuando amas de corazón a alguien, lo que más quieres es compartir con esa persona tu intimidad. Y para que la intimidad sea posible, más de dos personas se torna una multitud.

Además si te amas a ti mismo, sabes que tu cuerpo es el templo de tu alma, por lo cual compartir tu sexualidad no puede ser algo banal.

Entonces no te cuestionas el tema de ser o no ser fiel; simplemente compartes tu sexualidad con quien amas. Y aún si en algún momento sientes cierta atracción física por alguien, no le das demasiada importancia. Sabes que con tu pareja compartes muchas otras facetas y dimensiones, que no se limitan sólo al aspecto físico. Pues en realidad el Amor compartido es mucho más que una atracción física; es una unión de almas.

Cuando dos personas se encuentran y se aman, crean juntas un nuevo Universo. Y para esta creación conjunta son necesarios el tiempo, la intimidad y compartir en profundidad.

Si alguno de los miembros de la pareja ha tenido o mantiene relaciones sexuales con otra persona, se crea un desequilibrio energético que afecta a todos los implicados.

Al compartir nuestra sexualidad, unimos nuestras energías a las del otro, y al fusionarlas con más de una persona se genera un caos que, tarde o temprano, crea malestares físicos y emocionales. Esto es cierto sobre todo para la mujer; su útero es receptivo, y retiene las energías en su interior. Guardar en nuestras entrañas energías de diferentes personas nos causa, aún cuando no somos conscientes, un caos energético que puede ser nocivo.

Según Bert Hellinger, el creador de las Constelaciones Familiares, cuando uno de los miembros de la pareja ha sido infiel, se rompe el vínculo que les unía.

Ese vínculo puede ser sanado y restablecido, pero son necesarios mucho Amor y un gran compromiso por parte de ambos. Los dos tienen que tener la voluntad sincera de sanarse, perdonar y perdonarse, seguir juntos, y aprender de lo sucedido.

Obviamente, aquí sólo me refiero a compartir nuestra intimidad y sexualidad con alguien más, fuera de nuestra relación de pareja.

Pero nuestros corazones son lo suficientemente grandes como para amar a muchas personas.

Incluso podemos llegar a amar a toda la humanidad.

La libertad

Quienes temen asumir un compromiso por miedo a perder su libertad, muchas veces esconden bajo ese temor o excusa una herida profunda.
Si sientes miedo al compromiso, te recomiendo que enfrentes ese miedo y lo sanes. Pues sin un profundo compromiso contigo mismo y con otra persona, no podrás compartir relaciones auténticas, en las cuales creces y puedes ser feliz de verdad.

Sin embargo algunas personas sienten el temor al compromiso porque han visto una y otra vez, a lo largo de todas sus vidas, la esclavitud que para la mayoría representa estar en pareja.
Pero el Amor es libertad, y afortunadamente no es necesario seguir esos viejos patrones de comportamiento. Todos podemos establecer relaciones que estén plenas de aceptación e independencia.

Ese siempre ha sido mi mayor temor; el de no poder continuar siendo yo misma si me comprometía de verdad en una relación. Pero si mi pareja me ama, me ama tal cual soy, con todo lo que soy.

Y contrariamente a todo lo que mi mente y mi miedo me han dicho a lo largo de la mayor parte de mi vida, ahora que convivo con mi marido me siento muy libre. Tengo el tiempo y el espacio necesarios para escribir y dedicarme a lo que de verdad amo, viajo sola a otros países para impartir talleres y conferencias, y siento que cuanto más me expreso siendo quien de verdad soy, con todas mis cualidades y rarezas, más Amor mi compañero siente por mí. Y a mí me sucede lo mismo con él.

En eso consiste la auténtica libertad: en poder ser y expresar todo lo que somos. Y si estamos en una relación donde esto no es posible, entonces no es una relación de verdadero Amor. Si te das cuenta de que este es tu caso, no desesperes. Simplemente reconócelo, acéptalo y busca el modo de introducir cambios en la relación. Si esto no es factible, entonces déjala. Y en lugar de embarcarte de inmediato en una nueva relación -en la cual lo más probable es que acabes repitiendo los mismos patrones, o atrayendo una pareja idéntica a la anterior-, dedícate a conocerte, a sanarte y a amarte a ti mismo más y mejor.

Recuerda que el otro es apenas tu espejo; sólo atraerás a alguien que te ame y te acepte por completo cuando tú ya lo hayas hecho contigo mismo. No puede ser de otra manera.

Juntos en la eternidad

Nos han condicionado a medir la validez o el éxito de nuestras relaciones por el tiempo que duran. ¿Pero qué sentido tiene estar junto a alguien durante muchos años o varias décadas, si no compartimos intimidad, cuidado y alegría a diario?
Este condicionamiento ha hecho que millones de personas "padezcan" sus relaciones, en lugar de disfrutarlas y agradecerlas.

Lo importante es la *calidad* de los momentos que compartimos, y no la cantidad. Puedes permanecer en una relación sólo por unos meses, pero nunca olvidarás los hermosos momentos compartidos. Seguirán presentes en tu corazón siempre, y eso es lo que cuenta.
También puedes estar junto a alguien durante mucho tiempo, y vivir la relación como una verdadera agonía, o sentir que entre tú y esa persona existe un abismo, como si os separara una distancia de miles de kilómetros.

Es la calidad lo que hace que las relaciones sean valiosas y significativas, y no el tiempo que duran, midiéndolas en aniversarios.

Desde luego, calidad y cantidad pueden ir de la mano, y para lograrlo hay que tener presentes algunas cosas.

Aquí y ahora

El único tiempo que existe es el aquí y el ahora. El pasado dejó de existir, y el futuro aún no ha llegado. Es el momento presente lo único que existe siempre. Entonces estar plenamente en el aquí y ahora es vivir en la eternidad.

Para poder estar con la atención enfocada en el momento presente es importante meditar. Pues es la mente la que nos lleva al pasado o al futuro, y ninguno de los dos existen en realidad. Sólo meditando vas aprendiendo a no identificarte con tu mente, y puedes entonces disfrutar con intensidad cada momento.

De este modo tu relación se hace eterna. Cada instante, cada simple momento compartido, si es vivido con intensidad y atención, se convierte en un portal a la eternidad.

Vivir y relacionarte de este modo también hace que puedas ver a tu amigo o compañero con nuevos ojos, a cada día. Y así mantienes la magia fresca y siempre presente.

La calidad

La rutina y el aburrimiento aparecen cuando estamos en la mente. Vivimos como autómatas, ya no percibimos al otro, ni disfrutamos de los sencillos momentos que nos brinda la vida.
Y la vida, al fin de cuentas, consiste en eso: en una sucesión de momentos. Si disfrutas de cada momento, tu vida será siempre plena.
Yo comienzo mi día meditando a solas. Es lo primero que hago en cuanto me despierto, y entonces mi día transcurre en armonía. Estoy conectada conmigo misma, con mis necesidades y lo que deseo realizar en ese día.
Muchas veces la vida también me depara con imprevistos y sorpresas, como a todo el mundo, pero gracias a haber meditado, puedo fluir con mayor facilidad en las situaciones que se me van presentando.
Comenzar el día meditando te enraíza en el momento presente, y luego entonces puedes llevar contigo ese estado a lo largo de toda el jornada, brindando una mayor calidad a tu relación y a toda tu vida.

Muchas veces el ajetreo diario nos dificulta compartir momentos de calidad, ya sea con nosotros mismos o con nuestra pareja. Por eso es importante establecer el compromiso contigo mismo de brindarte esos momentos. De lo contrario, ni todo el éxito o el dinero del mundo te harán sentir que tu vida es rica, hermosa y significativa.

Cuando mi pareja y yo estamos pasando por una etapa en la cual ambos estamos muy ocupados, y nos damos cuenta de que han pasado algunos días sin que de verdad hayamos podido conectar y disfrutarnos, hacemos citas. Preferimos ser espontáneos, pero recurrir a las citas nos garantiza que nos daremos el Amor y el cuidado que merecemos, en lugar de ser simplemente arrastrados por el estrés y las obligaciones diarias.

A veces nos citamos en la hamaca; apagamos los móviles, desconectamos el teléfono y entonces conversamos con tranquilidad. O descansamos en silencio y abrazados bajo la sombra de los árboles. Estas citas son sagradas, no las cancelamos por nada ni por nadie, a no ser que lo que haya surgido sea de verdad impostergable.

Nuestras citas a veces duran horas, a veces menos tiempo. Pero mientras estamos juntos permanecemos presentes, disponibles al cien por ciento el uno para el otro.

De esos encuentros siempre salimos renovados, llenos de energía, paz y alegría. Entonces luego llevamos ese estado a nuestras respectivas tareas, o a los encuentros con otras personas.

Nuestra sociedad nos insta una y otra vez a que estemos siempre activos, muy ocupados y que seamos productivos. Pero no todo es trabajo y dinero en esta vida. Darle prioridad a nuestra relación, brindarle tiempo y espacio para que pueda seguir creciendo y floreciendo es vital. De lo contrario dejamos de percibir al otro, y comenzamos a tomarlo por garantizado. Y tomar por sentada a nuestra pareja destruye, literalmente, la magia y el valor que en realidad ella tiene para nosotros.

Una buena amiga

La mayoría de la gente comienza a valorar a quien ha estado a su lado sólo cuando esa persona ya se ha ido de sus vidas, lo cual no deja de ser lamentable.

Yo aplico a cada momento algo que me ayuda inmensamente a mantenerme alerta: recuerdo siempre la posibilidad de la muerte.

Cuando tenía cuatro años de edad, experimenté algo que marcó para siempre mi vida.

Me encontraba de vacaciones con mis tíos y mi abuela, y una cálida noche cenábamos en un restaurante. Yo estaba sentada al lado de mi abuela y nos reíamos. Pero de repente ella se llevó una mano al corazón y exclamó: "¡Me duele mucho el pecho!", y se desplomó sobre la mesa.

En seguida se armó un alboroto tremendo; mis tíos gritaban pidiendo una ambulancia, y las personas de las mesas vecinas se pusieron de pie asustadas, dejando caer vasos y cubiertos.

Yo no entendía nada de lo que sucedía, y me limité a contemplar, serenamente y en silencio, la blanca cabeza de mi abuelita reclinada sobre el mantel, tan blanco como su cabellera.

De repente un señor de la mesa de al lado le dijo a su esposa: "No entiendo por qué tanto bullicio pidiendo una ambulancia, pues es obvio que la mujer tuvo un infarto y está muerta".

A mí afortunadamente todavía no me habían inculcado nada acerca de la muerte, así que tuve mi propia percepción de esa experiencia.

En ese instante una vocecita en mi interior dijo: "Ah, entonces es así... En un momento estás aquí, y en el siguiente te puedes haber ido".

Creo que mi alma tomó nota. Pues a partir de entonces recuerdo la posibilidad de dejar de existir en cualquier momento. Y soy consciente de que lo mismo les puede suceder a las personas que me rodean.

Esto me ha llevado a agradecer de corazón siempre todo, a todos, y a no tomar a nadie ni a nada por garantizado. También me ayuda a vivir con intensidad cada situación que me presenta la vida. Intento dar lo mejor de mí misma a cada instante, sabiendo que bien podría ser el último.

Un chamán mexicano enseñaba esto a su discípulo: a que recordara a la muerte continuamente.

Siento que mi amada abuela de alguna manera me inició, y me hizo un gran regalo.

Algunas veces, cuando estoy muy ocupada escribiendo o respondiendo mensajes, y mi pareja se me acerca para decirme que saldrá, le respondo de un modo descuidado, sin quitar mi vista del texto que estoy escribiendo. Pero entonces aquella vocecita en mi interior me pregunta: "¿Y si esta es la última vez que le ves en tu vida?"

Entonces me "despierto". Dejo lo que estoy haciendo, le miro a los ojos, le sonrío, le abrazo y le bendigo. Y no importa si él se está yendo a otra ciudad o si irá a la tienda de la esquina. Siempre nos despedimos con mucho cariño y risas, y del mismo modo celebramos el reencuentro.

Por esta misma razón también pongo toda mi energía en resolver nuestras diferencias o conflictos de inmediato, o lo antes que pueda. La vida pasa muy deprisa, y no quiero desperdiciarla manteniéndome aferrada a mi ego o a las diferencias que crean separación.

Si somos de verdad honestos con nosotros mismos, debemos reconocer que no tenemos ni idea de cuándo el otro o nosotros mismos nos iremos de este mundo. Por eso es importante expresar siempre nuestro Amor y gratitud hacia todos.

Quizás sólo haciéndonos amigos de la muerte y recordándola es que podemos valorar, con toda su magnitud, la maravillosa bendición de la compañía de los demás, y de la propia vida.
Y así, viviendo con intensidad cada momento, permanecemos siempre unidos en la eternidad.

Dar y recibir

Cuando amamos, lo que más deseamos es dar. Darle a la persona amada nuestro Amor y cuidados, nuestra intimidad y todos los tesoros que llevamos en nuestro interior.

Pero muchas personas quieren *obtener* algo de la relación. Ya sea dinero, reputación, compañía o algún tipo de seguridad, buscar obtener es siempre destructivo.

Uno tiene que estar dispuesto a dar siempre el cien por ciento en una relación. Y si la pareja o amigo nos ama, es probable que también nos brinde el cien por ciento de su Amor.

Esto no significa que tenemos que abrumar a la persona amada con atenciones, cuidados y regalos constantes. Es más bien un estado de apertura y entrega, en el cual dar y compartir se torna nuestra mayor alegría, y fluye de un modo armonioso. Es estar dispuestos a responder a las necesidades y deseos del otro siempre que podamos hacerlo, sin por eso perder nuestra individualidad, ni signifique quitarle su poder.

Pero no nos relacionamos esperando obtener nada, damos y amamos porque haciéndolo somos felices, crecemos y nos expandimos.

Tampoco es sano llevar la cuenta de cuánto hemos dado y recibido. El Amor no se rige por las reglas de la economía. Por el contrario, cuanto más damos más recibimos, y es quien da quien se siente agradecido, por tener la oportunidad de poder dar. Entonces el mero hecho de dar ya es un regalo que recibimos.

Conocer para dar

Cuando queramos darle algo a alguien, es recomendable que busquemos brindarle aquello que le guste, o que le resulte necesario.

Recuerdo que una amiga siempre me regalaba cosas costosas, pero que yo no necesitaba o quería. Pensaba que era una pena que ella hubiera gastado esa gran suma de dinero en algo que no me gustaba, o que yo seguramente no usaría. Afortunadamente ella un día se dio cuenta, y comenzó a prestar más atención a lo que yo podría querer o necesitar. Entonces pude apreciar de verdad sus regalos.

Amar es conocer. Si amas al otro conoces también sus deseos, preferencias y necesidades, y buscas el modo de brindarle tu Amor atendiendo a esas necesidades y deseos.

Por eso en la búsqueda del equilibrio entre el dar y recibir, no es necesario que ambos den y reciban exactamente lo mismo.
Y a la hora dar también podemos expresar nuestra propia individualidad.

Recibir

Amar es dar, pero sin embargo también es importante saber recibir. Sin esta capacidad, el círculo del Amor quedaría incompleto, pues dar y recibir son las dos caras de una misma moneda. Y estar abierto a recibir no tiene nada que ver con buscar obtener.

Si nuestro amigo o pareja nos hace un favor o nos brinda algo importante y valioso, podemos caer en el miedo a sentirnos en deuda. Entonces, en lugar de recibir de corazón abierto, acabamos sintiéndonos incómodos y preocupados por poder retribuirle.
Pero en muchas ocasiones lo único que se nos pide es *recibir*, y al hacerlo ya estamos dando: le estamos dando al otro la oportunidad de hacer algo por nosotros.

Pedir es otro aspecto de la capacidad de recibir. Decir de un modo directo y claro lo que queremos o necesitamos es estar dispuesto a recibir de los demás, de la vida o del Universo.

Pero en lugar de pedir sin dudas y temores, en muchas ocasiones nos quejamos de la falta de ayuda y apoyo, o esperamos que nuestra pareja o amigos adivinen cuáles son nuestras necesidades y deseos. Sin embargo, los demás no pueden adivinar lo que necesitamos; es nuestra entera responsabilidad comunicarlo.

Muchas personas están tan acostumbradas a dar, que les cuesta recibir de corazón abierto lo que los demás quieran brindarle.
Detrás de esa incapacidad de recibir puede estar escondida la falta de humildad. Hay personas que, quizás inconscientemente, creen que dando están en una posición superior a los demás, y esto no deja de ser un juego del ego.
Estar abiertos a recibir no es en absoluto ser débil. Para recibir debemos ser humildes, y ésta es en realidad una cualidad que demuestra la grandeza de nuestra alma.

Yo merezco

La dificultad para recibir también puede estar escondiendo la falta de *merecimiento*: en lo más hondo sentimos que no merecemos ser tenidos en cuenta, no merecemos ocupar el lugar que nos corresponde, y que es sólo dando que recibiremos atención y afecto.

Para sentirse merecedor es importante amarse a uno mismo, incondicionalmente. Y es esencial comprender que no merecemos recibir por lo que damos o hacemos. En realidad todos nos merecemos lo mejor de la vida simplemente por lo que *somos*.

Para sanar este patrón puedes mirarte a los ojos en el espejo, y con Amor y convicción afirmar en voz alta: "Yo merezco". Verás qué íntegro y valioso te sientes.

Pero si no te lo crees, o te sientes triste y te dan ganas de llorar, hazlo. Expresa esa emoción, y mientras lo hagas quizás te vengan recuerdos de aquellas situaciones en las cuales te inculcaron que no mereces. Pueden ser episodios de tu infancia, o más recientes. Es igual, al liberar la emoción y la creencia, te estás sanando a ti mismo.

Desde luego, el sentirte merecedor no implica que tienes el derecho de exigir y manipular para salirte con la tuya y conseguir lo que quieres. Todo esto pertenece al ego, y la verdadera capacidad de recibir proviene del corazón, que es la antítesis del ego.

Otra práctica importante es que te atrevas a pedir. Comienza con las personas con las cuales sientes confianza. Pídele a tu pareja ayuda en tus tareas diarias, pide consejo a algún amigo, pide lo que sea que necesites, y hazlo sin miedo ni culpa. Te sorprenderás al ver cuánta gente está dispuesta a darte, si lo permites.

Elegir necesitar

La verdad es que si nos amamos a nosotros mismos, no necesitamos del otro para ser felices. Sin embargo, para relacionarnos, *elegimos necesitar* conscientemente, para poder brindarle al otro la oportunidad de darnos, y para proporcionarnos a nosotros mismos la posibilidad de recibir.

Este ha sido uno de los aspectos que más me ha costado aprender. He sido una "cuidadora" desde niña, pues a causa de algunos eventos de mi infancia, tuve que cuidar a mis tres hermanos pequeños con apenas cinco años de edad. Esa situación me llevó a creer que yo sólo debía dar, pero que no podía recibir.

Además siempre he sido independiente y libre, y he vivido sola en el extranjero la mayor parte de mi vida. En esas circunstancias no podía contar con la ayuda ni el apoyo de nadie. Desde luego he recibido mucha ayuda, y cuando menos la esperaba, pero no ha sido algo con lo que yo pudiera contar de antemano.

Muchas veces mi pareja ha querido hacer algo por mí y me he negado, alegando que yo podía hacerlo perfectamente bien sin su ayuda. Él se frustraba y entristecía, pues es un hombre amoroso y atento, y disfruta inmensamente colmándome de cuidados.

Yo veía su tristeza y no lo comprendía; pensaba que en realidad él se tendría que sentir aliviado por no tener que ocuparse de mí o de mis necesidades.

Hasta que un día me lo comunicó de un modo claro: "Sé que eres hábil e independiente, mi amor, sé muy bien que tú sabes cuidar de ti misma. Pero para mí eres una reina, y creo que para ti es importante que te des permiso para que yo te cuide, sólo para variar un poco".

Tuve que reconocer que tenía razón; ser tan auto-suficiente me mantenía cerrada a recibir.

También comprendí que había sido siempre una "hacedora", con mi lado masculino muy desarrollado. Aprender a recibir para mí era importante, para desenvolver mi lado femenino, y así encontrar un equilibrio entre mis polaridades internas.

A partir de entonces comencé a disfrutar de corazón de las atenciones de mi pareja. Es realmente un gran alivio no tener que ocuparme siempre de todo, y es delicioso dejarme mimar y deleitarme con sus amorosos cuidados.

Esta capacidad de recibir se extendió a otras relaciones, y ya no temo pedir ayuda o un favor cuando lo necesito. El otro puede decirme que no, por supuesto, pero al menos yo me he dado a mí misma la oportunidad de recibir.

Como la "necesidad del otro" es una *elección consciente* que hacemos, permanecemos libres de expectativas. Si la persona puede y quiere brindarnos algo que le hemos pedido, lo agradecemos y lo recibimos. Pero si por la razón que fuera el otro no puede o no quiere hacerlo, no nos importa, porque sabemos que podemos darnos aquello a nosotros mismos, o entonces buscamos otros caminos para recibirlo.

Estar abiertos a recibir no significa, de ningún modo, que debamos entregar nuestro poder.

Esta elección consciente nos mantiene en un estado interior de apertura, libertad y desapego.

El equilibrio

Es fundamental que en todas nuestras relaciones haya un equilibrio entre el dar y el recibir.

No se trata de llevar una especie de contabilidad de lo que hemos dado y recibido, sino de estar conscientes de que el Amor sólo puede fluir de un modo sano y armonioso si este equilibrio está presente.

Si en un momento dado percibes que estás cansado o agobiado porque te has estado ocupando de demasiadas tareas en tu hogar, por ejemplo, puedes comunicarle a tu pareja -sin quejas ni cayendo en el papel de víctima-, que necesitas que te ayude. Si lo expresas de un modo respetuoso y claro, ella probablemente se sentirá complacida de poder ayudarte. O entonces quizás decidan contratar a alguien que se encargue de esas tareas, si esto es posible.

Si te das cuenta de que tu amigo o pareja te ha estado ayudando de diversos modos, y hace tiempo que tú no le brindas cuidados o atención, busca el modo de darle algo que pueda necesitar o apreciar.

A veces soy yo quien prepara algún banquete, cuando percibo que mi marido me ha estado cuidando y ayudando por varios días. Le aviso que ese día le toca a él recibir, entro en la cocina y disfruto preparando algún plato especial. Y luego compartimos esa comida con alegría.

Mantener este equilibrio es importante, pues si el otro te da más de lo que estás dispuesto a recibir, te sentirás culpable o abrumado, y en algún momento querrás dejar la relación.

O por el contrario, si uno da constantemente pero no recibe, tarde o temprano se cansará y la relación llegará a su fin.

Es responsabilidad de cada miembro de la relación que ese balance esté presente. Cada uno es responsable de lo cuánto quiere dar, de cómo quiere hacerlo, y de lo cuánto está dispuesto a recibir.

De ese modo no hay demandas ni chantajes emocionales, reproches ni rencores.

Podemos comunicar nuestras necesidades y deseos sin caer en todos esos patrones, que en realidad son tóxicos y dañan seriamente cualquier tipo de relación.

El dinero

El dinero ha sido un símbolo de poder, de dominación y a veces también de afecto, y es uno de los temas que suele crear más conflictos en las relaciones.

Hasta hace poco tiempo, era obligación del hombre mantener económicamente a la familia, mientras que la mujer se veía obligada a cuidar de la casa y de los hijos. Pero este modelo ya es obsoleto, pues cada vez son más las mujeres que trabajan y ganan su propio dinero.

Por esta razón ya no hay un modelo preestablecido que podamos seguir acerca de este asunto, lo cual muchas veces genera confusión, crisis y conflictos.

En estos tiempos que vivimos, de tantos cambios y transformaciones personales y colectivas, es necesario que cada pareja decida cómo quiere llevar adelante la cuestión del dinero.

Para algunas parejas será importante mantener las economías separadas, cada uno ganando su dinero, manteniendo sus propias cuentas bancarias, y compartiendo solamente los gastos de la casa.

Pero para otras parejas este modelo no es válido, por diversas razones. Si ambos son autónomos, por ejemplo, habrá épocas en las que uno de los dos gane más dinero que el otro, entonces mantener todas las entradas y salidas de dinero por separado puede crear algún tipo de desbalance.

Si uno de los miembros de la pareja está desarrollando un nuevo negocio que todavía no está dando ganancias, o si se está dedicando al estudio de una carrera, por ejemplo, entonces puede ser válido que la otra persona sea quien provea el dinero necesario para cubrir los gastos.

En esos casos se puede llegar a un acuerdo, en el cual quien no esté aportando dinero se comprometa a compartir sus ganancias cuando comience a generarlas. Y este pacto también es efectivo si alguno de los dos se ha quedado sin empleo.

Para que este tipo de acuerdo realmente funcione es necesario sentir una profunda confianza en nuestra pareja. Si vamos a apoyar económicamente al otro para que busque un nuevo empleo, pueda desarrollar su carrera o un nuevo negocio, no podemos echarle en cara continuamente lo que estamos haciendo por él, o sentir temor de que nunca vaya a ganar dinero por sus propios medios.

Sin esta confianza en el otro, y en su capacidad de tener éxito y generar ingresos, este tipo de acuerdo puede tornarse un infierno.

Si estableces este tipo de trato con tu pareja, es importante que sientas que juntos formáis un equipo, o que recuerdes que ambos sois uno. Mantener la consciencia de Unidad siempre presente es vital para que el acuerdo funcione sin luchas de poder ni conflictos, y para que puedas sentirte agradecido por poder ayudar a tu pareja o amigo a que siga creciendo.

Quien esté recibiendo esta clase de apoyo por parte de su compañero, no debe sentirse culpable por no estar generando ingresos de dinero.
Es mucho más sano y productivo invertir ese tiempo y energía en estudiar o trabajar para sacar adelante nuestro proyecto, que desgastarse a uno mismo sintiéndose culpable.
La culpa no sirve de nada, y es destructiva.
En lugar de sentirnos culpables, podemos recibir el apoyo de nuestra pareja como un regalo de Amor que nos está brindando, y entonces abrimos nuestro corazón para recibirlo y agradecerlo.

El dinero es apenas una *energía*, y es también un símbolo. Por lo cual cada uno puede darle el significado que quiera.
Hace tiempo decidí que para mí el dinero es un símbolo de Amor: del Amor que ofrezco a través de mis libros, cursos y servicios, y del Amor y gratitud que recibo a cambio.
Aparte hay muchas otras cosas valiosas que podemos brindarles a los demás, y que no impliquen dinero. Cuidar de la casa o realizar otras tareas, atender a sus necesidades, escucharles con atención y respeto, brindarles

consejos o momentos de alegría, pueden ser tan valiosos como grandes sumas de dinero.

El dinero está sobrevalorado en nuestra sociedad, y si bien es una energía necesaria en el mundo, en su nombre le hemos restado importancia a muchas otras cosas, que en realidad son muy valiosas para vivir nuestras vidas de un modo pleno.

Desde luego, nuestra confianza en el otro no debe ser ciega. Debemos conocer a fondo a nuestra pareja o amigos, para saber si de verdad mantendrán su palabra o promesa, o si simplemente se están aprovechando de nuestra generosidad y apoyo.

El verdadero Amor no es ciego, pues es fruto de la consciencia.

Pero si de verdad te amas a ti mismo y no buscas una relación apenas para cubrir tus carencias, podrás atraer entonces a alguien a tu vida que se merezca tu total confianza.

También es necesario confiar en la propia vida. No existe ninguna garantía de que nuestra pareja vaya a permanecer a nuestro lado para siempre. Quizás cuando finalmente comience a ganar dinero, por ejemplo, pueda decidir dejar la relación. Pero si eso llegara a suceder, no tendríamos que lamentarnos o sentirnos víctimas. Hemos dado lo mejor de nosotros mismos porque quisimos hacerlo. Y mientras lo hicimos fuimos felices. No estuvimos en la relación para obtener nada, sino para aprender, crecer y dar lo mejor a cada momento.

Haciéndonos responsables de las decisiones y elecciones que hemos hecho, nos mantenemos en nuestro poder, seguimos creciendo y aprendiendo siempre, y no hay lugar para la culpa, los reproches o los arrepentimientos.

Además la vida es generosa y compasiva, y siempre encuentra el modo de compensarnos. Esto lo sé por mi propia experiencia. En algunas de mis relaciones anteriores he acabado dando más de lo que he recibido, sin que nunca llegara a lamentarme por ello. Meditaba para aprender mis lecciones, descubría que debía valorarme más, y seguía adelante, sin amargura ni rencores.

Y ahora, a través de mi marido, siento que recibo incluso más de lo que he dado siempre.

Sé que Dios o el Universo me compensan y me aman, porque el Amor que recibo a diario de mi pareja es una bendición continua. Y lo mismo puedo decir de algunos sinceros y verdaderos amigos.

Debemos dar todo lo que podamos siempre, y entregarnos de cuerpo y alma a esa fuerza inconmensurable que es el Amor, dejando de lado la mente calculadora, con sus miedos por un futuro que aún no existe.

Amar, como vivir, es verdaderamente un acto de fe.

Comunicación y comunión

Las palabras "comunicación" y "comunión" provienen de la misma raíz, lo cual implica que prácticamente significan lo mismo.

A la hora de comunicarnos, no estamos transmitiendo apenas información. Lo que en realidad buscamos es *unirnos*; salvar las aparentes distancias, permitir que nos conozcan y poder conocer mejor al otro, llegar a acuerdos y dar lugar a que la intimidad se profundice.

La verdadera comunicación siempre nos lleva a sentirnos más unidos a los demás.

Para que la comunicación sea realmente eficaz es importante no proyectar en el otro; hablar siempre en primera persona, expresando lo que *nosotros* pensamos y sentimos, sin culparle o decirle a la persona lo que suponemos que ella siente o piensa.

Si te sientes dolido por algún motivo, por ejemplo, no es válido decirle al otro: "Tú me has lastimado".

Recuerda que eres *tú* quien elige, consciente o inconscientemente, cómo quieres sentirte a cada momento.

En caso de que te des cuenta de que sientes dolor por algo que alguien ha dicho o ha hecho, en lugar de culparle o hacerle responsable puedes decirle simplemente: "Cuando dijiste o hiciste aquello, sentí dolor".

Entonces la otra persona no se sentirá amenazada ni juzgada, y estará bien dispuesta a escucharte y explicarte lo que sea necesario para que puedas superar aquello.

Las suposiciones son siempre nefastas, pues sólo generan confusión y malos entendidos.

Si hay algo que no comprendes acerca del comportamiento del otro, sencillamente pregúntale, de un modo claro y directo -y a la vez respetuoso-, por qué ha cambiado, o a qué se debe que esté haciendo aquello. Verás que la mayoría de las veces no tiene nada que ver con lo que habías imaginado.

De más está decir que la comunicación sólo sucede si ambas personas son honestas, abren sus corazones y se permiten estar vulnerables, siendo capaces de expresarse sin máscaras ni defensas. Decir siempre la verdad y no ocultarle información al otro es imprescindible para que la comunicación realmente suceda.

En una relación amorosa tenemos que poder sentir que estamos a salvo, saber que no seremos juzgados ni criticados, y que lo que sea que expresemos será aceptado de un modo incondicional.

Escuchar

Saber escuchar es indispensable. Y escuchar *de verdad* a los demás es un arte que pocas personas conocen, lamentablemente.
Si mientras alguien está hablando estamos pensando en lo que le responderemos, y nos ponemos impacientes por darle nuestra respuesta, entonces no estamos escuchándole en absoluto. Y al no hacerlo no le estamos dando la oportunidad a la relación de que la comprensión, la intimidad y la unión sucedan.
Esta es la razón por la cual hay tantos conflictos en las relaciones; nadie escucha al otro, lo cual lleva siempre a muchos mal entendidos. Y entonces la comunicación, en lugar de crear una mayor unión, crea separación.

Para poder escuchar de verdad a los demás es necesario estar presentes en el aquí y ahora. Poner toda nuestra atención en el momento presente, para no limitarnos apenas a oír las palabras que el otro expresa, sino también para observar los movimientos de su cuerpo, sus gestos y su mirada. Pues en realidad nos comunicamos con todo nuestro cuerpo, con

toda nuestra energía y muchas veces, también con el alma.
Escuchar puede ser una técnica de meditación maravillosa.
Uno de los modos más valiosos de demostrarle nuestro Amor, respeto y cuidado a alguien es escuchándole de corazón. Y quizás la otra persona no necesite siempre una respuesta de nuestra parte. A veces simplemente necesita saber que está siendo escuchada, comprendida y aceptada.

Para quienes escuchar de verdad es un desafío, hay una práctica indígena que resulta muy útil.
Si tú o tu pareja tenéis la tendencia a interrumpir al otro, antes de comenzar a conversar podéis elegir un objeto cualquiera -una piedra, un palo, etc.- y acordar que quien esté sosteniendo ese objeto en sus manos es quien tiene la palabra, y el otro entonces no puede interrumpirle.
Sólo cuando haya acabado de expresar lo que necesitaba decir, es cuando le pasa ese objeto a su compañero, y entonces éste recibirá su turno para hablar.
Esta práctica, sencilla y fácil de llevar a cabo, es muy eficaz para garantizar que los dos tendrán la oportunidad de expresarse y de escuchar realmente al otro.

La calidad en nuestra forma de comunicarnos
se ve seriamente afectada por las prisas y el
estrés con el que solemos enfrentarnos a diario.
Procurar estar en contacto continuo con otras
personas a través del móvil y de internet
también interfiere de un modo nocivo en
nuestras relaciones.

Para evitar descuidar la comunicación con
nuestra pareja o amigos, es importante respetar
los momentos en los cuales podemos compartir
con ellos.

Apagar el móvil durante las citas o las comidas,
y establecer un horario para desconectarnos de
internet y no atender el teléfono, pueden ser
medidas sencillas y muy efectivas para
garantizar que tendremos el espacio y el tiempo
necesarios para estar a solas y tranquilos con
nuestro compañero. Y si tenemos hijos, es
importante establecer horarios para ellos, para
que podamos estar a solas con nuestras parejas.

Si debemos tratar con nuestros amigos o pareja
un asunto importante, o si nos damos cuenta de
que han pasado varios días sin habernos
comunicado de verdad con el otro, entonces
también puede ser útil hacer una cita.

Muchas veces citarnos con nuestra pareja en un
lugar neutro, fuera de nuestro hogar, ayuda en
gran medida a que ambos permanezcamos
atentos y centrados. Y así la comunicación
puede fluir del modo adecuado. Algunas
personas lo hacen en bares o restaurantes, si

bien otras prefieren hacerlo en sitios donde no haya gente, ruidos ni interrupciones.

No es recomendable conversar en la habitación donde dormimos. Ese espacio está destinado al descanso, y hablar allí puede interferir con la energía de relajación que suele estar presente en ese ambiente.

Un acuerdo muy amoroso que podemos establecer con nuestra pareja es el de no irse a dormir sin haber aclarado un malentendido, o sin haber resuelto un determinado conflicto.

Sin este acuerdo, a veces nos iremos a dormir enfadados o angustiados, y ninguno de los dos podrá descansar adecuadamente. Entonces al día siguiente nos levantaremos de mal humor, irritados y cargando en nuestro interior el conflicto. Y así el malentendido se prologará más de lo debido.

Algo también valioso para comunicarle algo importante a tu pareja puede ser escribirle una carta, o enviarle un e-mail.

Un día se me ocurrió hacerlo, pues necesitaba compartir algo profundo con mi compañero. Los dos estábamos muy ocupados, y con las correrías diarias no encontraba el espacio necesario para compartir con él.

Recordé que al comienzo de nuestra relación nos comunicábamos la mayor parte del tiempo por e-mails, así que le escribí uno.

Su sorpresa al recibir mi mensaje fue grande, y le recordó nuestros primeros encuentros. Esto contribuyó mucho a que leyera mi mensaje con Amor y atención.

Así que a veces también me comunico con él enviándole e-mails, para compartir aquellos temas que para mí son importantes, y que se van quedando rezagados, por no haber encontrado el momento adecuado para comunicarlos. Hacerlo suele dar hermosos resultados, porque al leer mi mensaje estando a solas, él puede dedicarse a sentirme y reflexionar acerca de lo que le he dicho, sin sentir la urgencia de tener que responderme de inmediato.

Estos e-mails siempre nos acercan y nos recuerdan lo cuánto nos amamos.

Las emociones

Algunas emociones suelen interferir, o incluso pueden dañar, nuestra forma de comunicarnos. Si estamos muy enfadados, por ejemplo, es probable que acabemos diciendo algo que lastimará al otro. Y luego nos sentiremos mal con nosotros mismos por haberlo hecho.

Para evitar este tipo de situaciones, lo mejor es que primero expresemos las emociones que sintamos *a solas*. Puede hacerse en nuestra habitación, golpeando con los puños el colchón o la almohada. También podemos salir a caminar o a correr, o escribirle una carta a nuestra pareja o amigo, sabiendo de antemano que nunca se la daremos.

Expresar a solas nuestro enojo, dolor o frustración, es un modo sano y eficaz de cuidar nuestras relaciones. Sólo entonces, cuando ya nos sintamos serenos y centrados, estaremos listos para conversar con el otro.

Pero aún con nuestras mejores intenciones, a veces puede resultar inevitable levantar la voz o impacientarnos con la otra persona, sobre todo si convivimos con ella.

Si esto llegara a suceder, es importante que te detengas de inmediato, en cuanto percibes lo que estás haciendo. Para, cierra los ojos y *respira*. Lleva toda tu atención al aquí y ahora, siente tu cuerpo y tu respiración, exhala profundamente.

Si percibes que el enfado sigue presente, sal de tu casa enseguida. Avísale a tu pareja que te irás para ventilar tu enojo afuera, pero que regresarás en cuanto se te haya pasado ese estado. De ese modo le cuidas, haciéndole saber que no te ha "perdido", sino que simplemente no quieres hacerle daño por causa de tu ira.

Sal a caminar o corre, permitiendo que esa energía en forma de enfado se exprese y se mueva por tu cuerpo. De este modo no la reprimes, pero tampoco se la proyectas a tu pareja.

Subirte al coche y conducir no es recomendable, porque además de correr el riesgo de provocar un accidente, no le estarás dando a tu cuerpo el movimiento que en realidad necesita.

Las emociones son apenas *energía*, y si le damos a esa energía el espacio necesario para moverse y expresarse libremente, ésta se transforma por sí misma.

Entonces al regresar a casa te sentirás revitalizado, más despierto, sereno y con una mayor claridad.

Permitirte gritar también suele ser de gran ayuda. Colocar tu rostro en una almohada al proferir tu grito garantiza que nadie te oirá, y el mismo tiempo podrás liberar esa energía retenida.

Recuerdo que hace algunos años toda mi realidad estaba bloqueada. Nada salía como debía, las situaciones estaban estancadas. Y a los pocos días percibí que me sentía muy frustrada.

Le avisé a mi marido que tenía que descargarme y salí al jardín. Como vivimos en medio del campo, sabía que no molestaría a nadie.

Comencé a gritar "basta" con todas mis fuerzas. Lo hice tres veces, y luego me quedé quieta, de ojos cerrados. Percibí cómo la energía vibraba por todo mi cuerpo, y era una sensación maravillosa. Me sentí llena de fuerza, poder y decisión.

Mágicamente, a partir de ese momento las áreas de mi vida que estaban bloqueadas comenzaron a fluir nuevamente. Las dificultades se disipaban, aparecían nuevas soluciones, y en un solo día pude resolver una infinidad de situaciones.
Es que la realidad también es nuestro espejo. Si nosotros cambiamos, la realidad cambia. Y todas las emociones cumplen una función positiva, si las expresamos del modo adecuado. Desde luego existen otras maneras de cambiar tu realidad, pero si sientes fuertes emociones, entonces expresarlas es siempre lo más conveniente.

Con el tiempo y la práctica ya no necesitarás salir de casa cuando tengas un momento de ira con tu pareja. Simplemente te darás cuenta, respirarás hondo un par de veces y podrás cambiar de estado enseguida. Entonces podrás sonreír, o besar y abrazar a tu compañero.
En la medida en que la unión y la intimidad con tu pareja se vayan profundizando, estos momentos de enfado o impaciencia se irán esfumando. La armonía se irá haciendo cada vez más importante para ambos, y el ego se irá disolviendo, ya que en realidad es una ilusión creada por la mente. Y el Amor nos recuerda continuamente lo que en realidad somos.

Esto también lo hemos experimentado con mi compañero. Durante nuestro primer año conviviendo, nuestras peleas solían ser frecuentes. Ambos provenimos de culturas diferentes, y yo era, literalmente, indomable. Acostumbrada a vivir siempre sola, veía amenazada mi libertad a cada instante. Y mi pareja nunca antes había estado con una mujer tan independiente y libre.

A veces él sólo quería ayudarme, pero yo me sentía invadida y poco respetada. Había tomado mis propias decisiones siempre, y sin la ayuda de nadie. Tener a mi lado a alguien diciéndome que podía hacer algo de otra manera, por ejemplo, no estaba en mis planes.

Fueron necesarias algunas conversaciones para ir conociéndonos en profundidad, y para comprender el punto de vista del otro. Y cuando finalmente comprendes, aceptas.

Además el dolor que nos causábamos con nuestras discusiones era grande. Nos llevaba cierto tiempo sanarnos mutuamente de las heridas que nos ocasionábamos.

Cuando por fin llegábamos al entendimiento y a la comprensión mutua, esa armonía era para nuestros corazones un verdadero bálsamo.

Así que ahora, cuando alguno de los dos comienza a alzar la voz o a enfadarse por algo, paramos de inmediato. Hacerlo no supone ningún esfuerzo, pues el dolor se siente enseguida. Nos duele en el alma crear conflictos innecesarios, así que regresamos al Amor en el mismo instante en que percibimos que nos hemos alejado.

Recordar el Amor que sentimos y que se encuentra siempre en nuestro interior, es el modo más eficaz de superar cualquier conflicto o pelea.

Si aún en medio de la mayor tormenta paras y recuerdas el Amor, la tormenta se disipa enseguida, y en tu corazón vuelve a brillar el sol.

Las palabras mágicas

Existen ciertas expresiones que, sin son dichas con sinceridad, producen resultados mágicos, y mantienen nuestras relaciones en un estado de armonía continua. Son expresiones breves, pero están cargadas de significado.

Lo siento, ***por favor*** y ***gracias*** siempre abren las puertas del corazón.

Si has dicho o hecho algo que pudo haber causado daño a alguien, lo mejor es decir ***lo siento***. De ese modo estás expresando lo que tú sientes, que en este caso puede ser tristeza o arrepentimiento.

El verdadero significado del arrepentimiento es "regresar al centro". Cuando te arrepientes, te has dado cuenta de lo que has hecho, has regresado a tu consciencia. Y entonces le comunicas al otro cómo te sientes por haber hecho aquello.

Es probable que sientas pesar o tristeza, pero no te sientes culpable, y reconoces de corazón que te has desviado del camino, probablemente por no haber sabido o podido hacerlo de otro modo.

Si le pedimos al otro que nos perdone, corremos el riesgo de caer en una lucha de poder, aún cuando no sea esa nuestra intención.

Si le pides al alguien su perdón, el otro puede o no dártelo. Entonces le estás entregando tu poder, y en lugar de sentirte mejor, quizás acabes sintiéndote culpable o débil.

Pero si le dejas claro que sientes de corazón haberte comportado de un determinado modo, la otra persona sabe que te has dado cuenta, y sabe también que estás dispuesto a hacerlo de un modo diferente de ahí en adelante.

Si el otro quiere o no perdonarte, es un asunto suyo, pero tú al menos ya has hecho tu parte.

Lo más importante es que te perdones a ti mismo. Así aprendes la lección con mayor facilidad, y recuperas la paz en tu corazón.

Si por el contrario te sientes culpable, probablemente la persona tenga resistencias para perdonarte, ya que ella es apenas tu espejo.

Por favor indica claramente que eres consciente de que la persona no está obligada a darte nada, ni tampoco a ayudarte. Le dejas claro que sabes que si te brinda aquello, es un favor que te está haciendo. Esta expresión denota respeto, y deja en claro que no estás tomándole por garantizada. Y entonces ella se siente más motivada a seguir dándote.

Gracias es de verdad una palabra mágica. "Gracia" significa bendición y dicha.

Cuando das las gracias a alguien, aún por algo aparentemente simple, reconoces el valor de lo que has recibido, o del gesto que la persona ha tenido para contigo. Lo recibes literalmente como una bendición, y lo haces parte de ti en tu corazón.

Poder agradecer a diario todo lo que recibimos, e incluso hacerlo varias veces al día, mantiene nuestro corazón abierto, en un estado amoroso y positivo.

Da igual si estás agradeciendo un gran favor o apenas el hecho de que te hayan traído un vaso de agua; expresar siempre con esta sencilla y hermosa palabra tu gratitud a todas las personas que te rodean, mantiene tus relaciones armoniosas y vivas.

Si convivimos con nuestra pareja, es muy valioso decirle *gracias* siempre. Un plato de comida, el hecho de que nos haya ayudado a hacer algo, una palabra amable... Podemos agradecerle siempre todo, y en realidad nada de lo que recibimos es más o menos importante.

Cuando les agradecemos a los demás, les motivamos a que quieran seguir dando. Y lo mismo nos sucede a nosotros; cuando percibimos que se aprecia y se reconoce lo que sea que hayamos dado, querremos seguir dando siempre.

Decir **te amo** de corazón también es muy valioso. Y no importa cuánto tiempo llevemos en la relación; expresarlo sinceramente, incluso varias veces al día, mantiene fresco el recuerdo de que lo que nos une es el Amor.

El silencio

Existe otro tipo de comunicación, y quizás sea la que más nos une a nuestra pareja: es la comunicación silenciosa. Una mirada, una sonrisa, un gesto cariñoso, pueden expresar sin palabras una infinidad de sentimientos o emociones.

Cuando dos personas conviven, después de cierto tiempo esta comunicación silenciosa se hace cada vez más frecuente. Podemos "escuchar", literalmente, lo que nuestro compañero piensa o siente, lo cual confiere una mayor magia y complicidad a nuestra relación. Aún si esto ya nos sucede desde hace cierto tiempo, tal vez nunca deje de sorprendernos esta unión telepática con nuestra pareja. Esta comunicación silenciosa es fruto de la intimidad y de la armonía que existe en nuestra relación, y podemos experimentarla también con otras personas. Uno de los mayores regalos que estamos recibiendo en estos tiempos es el aumento de la telepatía.

Si recordamos que la materia como tal no existe, sino que somos pura energía, entonces esta forma de comunicarnos con quienes amamos es algo natural, e incluso inevitable.

Por esta razón quienes se aman y conviven durante cierto tiempo, no necesitan largos diálogos para comunicarse o ponerse de acuerdo. Y aquí no me refiero, claro está, a la apatía, o a la indiferencia que suele estar presente en muchas relaciones de larga data. Me refiero a una auténtica comunicación, que está siempre fresca y presente, sin demasiadas palabras.

Con algunas de mis parejas anteriores solía tener largas conversaciones, que podían extenderse por varias horas. Solía relacionarme con hombres intelectuales, o que poseían muchos conocimientos.

Al comienzo de la relación con mi marido, me parecía algo extraño que no conversáramos demasiado. Él es un hombre de pocas palabras, y si bien siempre aprecié su forma de ser, me extrañaba que entre nosotros no se presentara la oportunidad de tener largas charlas.

Pero poco a poco comencé a comprender que él y yo en realidad nos estamos comunicando siempre. Nuestra unión es tan real y profunda, que la mayoría de las veces las palabras son simplemente innecesarias. Y aún cuando alguno de los dos necesita decir algo, a veces bastan un par de frases para que el otro comprenda de inmediato el mensaje.

Este silencio compartido, esta comunicación sin palabras, puede ser una hermosa muestra de que la verdadera unión siempre existe a nivel del alma.

Limpiando el espejo

Si no quitamos el polvo que se va acumulando sobre un espejo, nuestra imagen reflejada pierde su claridad y nitidez. Del mismo modo, si no nos limpiamos a nosotros mismos ni a la relación, ya no vemos con consciencia lo que hay y lo que *es*.

Limpiarnos a nosotros mismos significa que mantenemos nuestras emociones *actualizadas*. Nos tomamos el tiempo necesario para estar a solas, y así hacernos conscientes de lo que sentimos.

A veces podemos estar de mal humor por varios días, por ejemplo, sin detenernos a examinar el por qué nos sentimos de aquel modo. Y ese estado va contaminando nuestras relaciones, además de que no es beneficioso para nosotros mismos.

Darnos el tiempo y el espacio necesarios para conectar con nosotros mismos es muy importante, de lo contrario las emociones nos arrastran, sin que seamos conscientes de lo que nos sucede. Y así vamos acumulando una serie de emociones y sentimientos que quedan guardados en nuestro interior, lo cual acaba generando indiferencia, ira o rencor.

Muchas veces aquello que hemos estado callando y guardando en nuestro interior por un determinado tiempo, sale de repente en forma de un ataque de ira. Le gritamos al otro algo que, si lo hubiésemos dicho del modo adecuado en su debido momento, hubiera sido expresado de un modo claro y directo, y sin enfado.

Una vez que hayas detectado el por qué te sientes de un determinado modo, es necesario que te permitas expresar a solas tus emociones. Pues la mayoría de las veces la claridad sólo llega después de haberlas expresado, y no antes. Luego de haberte hecho consciente de lo que sientes, y de haberlo expresado a solas y del modo adecuado, estás listo entonces para compartirlo con tu pareja o amigo. De este modo, tanto el otro como tú estáis listos para veros mutuamente con nuevos ojos.

A veces puedes ayudarle a tu pareja o amigo a que se detenga a observarse. Si la otra persona está enfadada, triste o indiferente por algunos días, puedes preguntarle con Amor y respeto qué le ocurre, y dejarle en claro que puede contar contigo.

Esto puede ser de gran ayuda en algunos momentos, pero siempre es mejor que cada uno asuma la responsabilidad de mantener limpio su propio espejo.

Algo que ocurre mucho en las relaciones es que pretendemos que los demás adivinen qué es lo que queremos, cómo nos sentimos o qué es lo que necesitamos. Y esto a veces puede incluso ocurrir, pero no podemos dar por garantizado que sucederá, ni entregar nuestro poder de este modo. Pues si el otro, por la razón que fuera, no lo sabe o no lo descubre, nos sentiremos frustrados e incomprendidos.

También es necesario que revisemos cómo nos sentimos con los acuerdos que hayamos establecido con nuestra pareja o amigos, pues puede ser que con el paso del tiempo ya no nos satisfagan, y que sea necesario cambiarlos. Entonces podemos proponer nuevos acuerdos, que sean beneficiosos para ambos.

Así es como limpiamos el espejo en nuestras relaciones, manteniéndolas actualizadas.

Sin este proceso acabamos relacionándonos por inercia, de un modo automático, lo cual le quita la magia y la belleza a las relaciones.

Se ha dicho muchas veces que el matrimonio acaba con el Amor y el romanticismo. Pero en realidad es la falta de consciencia en nuestro modo de relacionarnos lo que acaba con la magia.

El verdadero espejo con el que contamos es la consciencia. Por eso es tan importante meditar a diario, para poder vivir en el aquí y ahora y percibir a los demás con nuevos ojos, a cada momento.

La rutina y las obligaciones representan un gran desafío, por eso dedicarse momentos a solas con uno mismo es tan necesario. De ese modo te conectas con tu consciencia, que todo lo observa, sin juzgar ni querer cambiar nada.

Habiendo conectado con ese espacio interior de consciencia y aceptación, al menos por media hora diaria, luego te resultará más fácil llevar esa consciencia-espejo a tu vida cotidiana y a tus relaciones.

El perdón

El perdón también es el mejor modo de limpiar y sanar nuestras relaciones. Es fundamental perdonarnos a nosotros mismos y perdonar al otro siempre que sea necesario, para mantener nuestros corazones abiertos y ligeros.

No importa si lo ocurrido puede parecer "normal" o insignificante. Si en el fondo no te sientes a gusto por algo que tú o tu compañero hayáis dicho o hecho, perdonar es importante.

No son necesarios largos discursos ni actos heroicos para hacerlo. A veces basta con soltar, en tu interior, lo que haya sucedido. Lo liberas con Amor y sigues adelante.

Desde luego decir "lo siento" es siempre maravilloso, sobre todo si lo haces de un modo sincero. Luego podrás dejar atrás aquello, pero tomando nota para que no vuelva a repetirse.

Puedes saber si te has perdonado o que has perdonado a alguien cuando ya no recuerdas lo sucedido, o si cuando te llega el recuerdo ya no sientes ninguna emoción en particular, a no ser aceptación.
Si le recuerdas una y otra vez al otro algo que sucedió en el pasado, es que no le has perdonado, y buscas hacerle sentir culpable. Y claro está que ese no es el camino.

También con el perdón puede ser que en algún momento te encuentres con una paradoja: quizás un día te percibas tan unido a la persona amada, que sientas que en realidad nunca hay nada que perdonar.
Las situaciones suceden, las aceptas, aprendes y sigues adelante. Pero no sentirás la carga o el peso necesarios para tener que perdonar.
El otro, al igual que tú, está aprendiendo, entonces simplemente le acompañas en su camino de crecimiento.

Un lugar para sanar

Algo muy valioso para mantener la relación y el espejo limpios es crear un lugar de sanación. Puede ser un lugar determinado en la casa o en otro sitio, y también puede ser creado metafísicamente, con la imaginación.
Si ha habido algún conflicto, o si alguno ha hecho daño al otro de algún modo, ir al lugar de sanación puede ser importante y necesario.
En ese espacio podemos conversar, cada uno reconociendo en qué se equivocó y qué puede aprender de ello. O quizás perciba que se comportó de un determinado modo por alguna razón, y entonces comparte con el otro lo que haya descubierto.
También es muy sanador quedarse abrazado a la persona amada en silencio, simplemente sintiendo el Amor.
En nuestro lugar de sanación buscamos la comprensión mutua, para aprender de lo sucedido, poder perdonarnos y retornar a la unión.

Niños heridos y mágicos

Más allá de la edad que tengamos, todos llevamos en nuestro interior a un niño. Y este niño tiene dos aspectos: el herido y el mágico.

Saber amar y cuidar a nuestro niño interno es de suma importancia para amarnos a nosotros mismos. Pues es responsabilidad de cada uno cuidar a su propio niño interior herido.

Si nos sentimos inseguros, con miedos, muy sensibles o tristes, la mayoría de las veces es porque nuestro niño interior herido está reclamando nuestros cuidados y atención.

Esperar que nuestra pareja o amigos le cuiden y le brinden lo que el niño interno necesita, es entregar nuestro poder, y puede llevarnos a sentirnos aún más vulnerables si ellos, por la razón que fuera, no pueden darle lo que necesita.

Una relación está formada por dos personas *adultas*, y el otro no puede adivinar que estamos identificados con nuestro niño interior herido en un determinado momento.

Nuestra pareja no es nuestro padre o madre, y las relaciones en las cuales uno o los dos de sus miembros se identifican con estos papeles, no nos permiten que de verdad crezcamos, haciéndonos responsables de nosotros mismos.

Basta con darnos cuenta de que es nuestro niño interior herido el que está pidiendo nuestra atención, para que se la brindemos enseguida, o en cuanto podamos. Y un simple gesto o palabra afectuosa puede ser suficiente para que de inmediato nos sintamos nuevamente confiados, seguros y alegres.

El niño interno suele ser dócil, y a veces un simple gesto de Amor ya nos ayuda a sentirnos mucho mejor, pudiendo retomar nuestro papel de adulto, realizando nuestras tareas, o enfrentando con confianza los desafíos que nos presenta la vida.

Cuando te relacionas con alguien desde hace cierto tiempo, puedes darte cuenta cuándo esa persona está identificada con su niño interior herido. Entonces puedes indicarle, con dulzura y cariño, que tiene que cuidar a su niño interno. Muchas veces una sola frase ayuda a que tu pareja o amigo se dé cuenta de lo que le está ocurriendo, para que cuide a su niño interior y pueda regresar a su estado de consciencia de adulto en cuanto antes.

Si la persona que amas ha pasado por un momento doloroso o difícil, es probable que su niño interior esté asustado y herido. Y es válido, por el Amor que sientes por ella, que le des mimos y palabras cariñosas a su niño interno.
Pero esto puede ocurrir ocasionalmente, y sólo cuando lo deseas o sientes que es necesario. No le haces ningún favor al otro cumpliendo el papel de madre o padre constantemente. Si lo haces, le quitas el poder de sanarse y cuidarse a sí mismo, y limitas su crecimiento. Y tarde o temprano te darás cuenta de que estás cansado o agobiado. Tú querías a una pareja, alguien con quien relacionarte de igual a igual, y no a un hijo.

El otro aspecto de ese niño que llevamos dentro es el niño mágico. Él nos brinda la capacidad de reír y jugar, y de ver la vida con una mirada divertida. Nos conecta con nuestra creatividad, con la alegría, nos ayuda a fluir, y a vivir totalmente presentes en el aquí y ahora.
Cuando más amemos y sanemos a nuestro niño interno herido, más espacio tendrá para que pueda expresar su lado mágico.
Compartir con nuestros amigos o pareja nuestro niño interior mágico es maravilloso. Podemos reír a carcajadas, jugar, y no tomarnos a nosotros mismos ni a la vida demasiado en serio. Nos mantenemos abiertos y vulnerables, alegres y positivos.

En las relaciones donde el Amor está presente, nos sentimos cómodos y a gusto para permitir que nuestro niño mágico se exprese. Y en realidad podemos darle ese espacio siempre, más allá de la edad que tengamos o del papel que representemos en el mundo.

La era en la cual los sabios tenían que ser serios y aburridos afortunadamente ha quedado atrás. Podemos incluso dictar cursos, atender a nuestros clientes o tener reuniones de negocios sin tener que dejar de lado a nuestro niño interior mágico. Una broma, un comentario gracioso, permitirse ser espontáneo e impredecible, operan muchas veces resultados mágicos.

Compartir con nuestra pareja momentos en los cuales ambos permitimos que nuestros niños internos mágicos se expresen y jueguen, es la garantía de que la magia en la relación seguirá viva y presente.

Cada niño interno se expresará a su modo, pero ambos reirán y se divertirán siempre.

Las crisis

En el idioma chino, la palabra *crisis* se escribe con dos símbolos: uno significa "oportunidad", y el otro, "cambio". Las crisis son, literalmente, oportunidades para crecer, aprender y hacer cambios.

Las crisis son inevitables pues hacen parte de la vida, y sin ellas muchas veces permaneceríamos estáticos. La vida es movimiento y cambio, por eso las crisis son necesarias.

Del mismo que nos sucede a nivel personal, a veces nuestras relaciones también enfrentan crisis. Ya sea porque alguno de los dos está atravesando cambios o conflictos internos, o porque la relación necesita un cambio de dirección, saber aceptar y enfrentar las crisis es un desafío importante.

Es fundamental estar dispuesto a ser sumamente honesto con uno mismo y con el otro para que la crisis nos traiga beneficios. Y no vivirla como una tragedia, sino como un proceso natural de crecimiento, nos ayuda inmensamente para que juntos podamos enfrentarla y superarla.

A pesar de que nos han inculcado a tenerle pánico a los cambios, debemos verlos como una excelente señal: ellos simbolizan que estamos vivos, que seguimos creciendo, y que estamos avanzando. Los cambios no sólo son necesarios, son también siempre positivos.

Asimismo es preciso superar el miedo a la pérdida, confiando en los procesos de la propia vida. Si de verdad amamos al otro, en el fondo de nuestro corazón nunca le "perderemos". Quizás deba cambiar la *forma* de la relación, pero el Amor no se acaba, el verdadero Amor es eterno.

Es importante poder amar con desapego. Si el otro debe marcharse de nuestras vidas, debemos amarle lo suficiente como para dejarle libre. Y algunas veces, al respetar su libertad para que siga su camino, luego comprobamos que la separación no es realmente necesaria. Pero basta que queramos aferrarnos al otro, para que entonces él se vaya...

Al menos esa ha sido y es mi experiencia: cuando siento que alguien quiere "poseerme" de algún modo, siento el impulso irrefrenable de salir corriendo. Pero siempre que mi libertad es respetada, estoy bien dispuesta a hacer los cambios necesarios para seguir adelante en la relación.

Sin embargo, otras veces la separación es inevitable. Pero si amamos de verdad, es decir, con desapego, no lo vivimos como una calamidad, sino como un proceso inherente a la vida.
Si una relación se acaba, significa apenas que ya hemos aprendido todo lo que podíamos con aquella persona. Y al dejarla partir estamos abriendo un espacio en nuestras vidas, para que en otro momento aparezca otra persona, con la cual podremos seguir creciendo y aprendiendo. Y no importa la edad que tengamos. Si nos mantenemos abiertos, siempre recibiremos los inmensos regalos que nos ofrece la vida.

Durante una crisis, a veces es necesario tomar distancia y separarnos temporariamente para descubrir el camino. En estos casos, el modo como enfrentaremos la separación puede ser un factor determinante en el desenlace de la crisis. Si mientras estamos separados de nuestra pareja nos desesperamos, nos sentimos solos y vacíos, y no paramos de agobiarle con llamadas telefónicas o mensajes, lo más probable es que el otro quiera seguir su camino a solas.
Pero si aprovechamos ese tiempo de separación para amarnos más y mejor, para meditar y sanarnos, para aprender ciertas lecciones y para disfrutar de nuestra propia compañía, no tendremos nada que perder. Si el otro regresa a nuestro lado bien, y si no estará bien también, pues estamos a gusto con nosotros mismos,   y

hemos aprovechado la oportunidad de crecimiento que la crisis nos brindó.

Entonces el desapego opera sus maravillas, y la posibilidad de que la otra persona quiera continuar con la relación será más factible.

Lo importante es ser sinceros, y no utilizar esta comprensión para manipular al otro. Pues los demás saben intuitivamente cuando estamos siendo honestos o cuando estamos fingiendo. Y el engaño, a uno mismo y a los demás, no puede permanecer por mucho tiempo.

Hoy en día pensar en el divorcio o la separación suele ser la primera opción que se nos ocurre.

Pero la mayoría de los conflictos y crisis pueden ser superados con una comunicación honesta y respetuosa, y con el deseo auténtico de aprender, cambiar y crecer. Y siempre podemos pedir ayuda para sanarnos, ya sea para nuestro crecimiento individual o para sanar la relación. Sin embargo, muchas personas se aferran a la relación por una infinidad de motivos que no tienen nada que ver con el Amor: por miedo a la soledad, a la falta de dinero, por no querer criar a los hijos estando solo, etc. Llevar adelante una relación apenas por estos motivos es la garantía de que viviremos insatisfechos, frustrados y tristes.

Los motivos que nos pueden llevar a atravesar una crisis de pareja pueden ser varios.

Quizás descubramos aspectos o patrones de nuestra pareja que no conocíamos, y que no podemos aceptarlos.

Tal vez nosotros mismos hemos cambiado en profundidad, y sentimos que el puente que nos unía al otro se está desmoronando. O puede ser que alguno de los dos necesite experimentar nuevos caminos, en los cuales no es adecuado estar en pareja.

También los condicionamientos que hemos recibido en nuestra infancia pueden gatillar crisis en nuestras relaciones, pues pueden estar en conflicto con los condicionamientos del otro, o con su manera de querer llevar adelante su vida.

A veces uno de los dos se enamora de otra persona, y esta situación desestabiliza la relación.

Las razones por las cuales se generan las crisis pueden ser varias, y todas ellas llevan una lección escondida.

Si descubrimos algún patrón o comportamiento de nuestra pareja que no podemos aceptar, debemos reconocer que el problema o limitación es nuestro, y no de la otra persona. Somos *nosotros* quienes no podemos amarle y aceptarle en ese aspecto.

Cuando lo que nos une es auténtico Amor, nunca pensamos que el "problema" es del otro. Siempre queremos hacernos enteramente responsables de nuestra parte.

Pero podemos conversar honestamente con la persona, dejándole clara nuestra limitación. Al no sentirse juzgada ni criticada, tal vez se dé cuenta de que ese patrón que ella mantiene necesita ser sanado, y entonces tal vez decida participar en una Constelación Familiar, por ejemplo.

De este modo la crisis ha traído sanación y una mayor unión a la relación.

Obviamente, aquí me refiero sólo a ciertos patrones o comportamientos, pero habrá veces que no podremos aceptar algo del otro simplemente porque atenta contra el Amor y el respeto a uno mismo.

Si hemos estado creciendo y cambiando internamente y nuestra pareja no nos ha acompañado en el proceso, al saber que la distancia entre ambos se está ampliando, ella puede sentirse motivada a querer crecer y hacer también sus cambios.

Revisar y cuestionar los condicionamientos que hemos recibido, es un trabajo muy necesario para crecer y relacionarnos de un modo sano.

En estos casos nuestra pareja puede ser un maestro, que nos muestra con claridad, como un espejo, aquello que debemos dejar de lado, porque atenta contra nuestra felicidad y crecimiento.

Los comportamientos machistas, por ejemplo, deben ser abandonados en cuanto son detectados. Y este patrón, tan destructivo, también se encuentra en las mujeres, pues son ellas quienes educan de ese modo a sus hijos varones.

Hace tiempo un ser de luz que me ayudó mucho en mi crecimiento, afirmó que el machismo es una enfermedad del alma, y que se pasa genéticamente a través de las generaciones. Dice que hoy en día todos tenemos una dosis de machismo, en mayor o menor medida, y que el primer paso para sanarnos es reconocerlo en nosotros mismos, para luego poder liberarlo.

Desde luego, el feminismo tampoco es sano. Seguramente fue necesario es su momento, pero ahora debemos liberarnos de cualquier creencia o actitud que apoye la ilusión de que estamos separados unos de los otros. También es importante ser capaces de perdonar lo sucedido en el pasado.

En estos tiempos que vivimos, todos los hombres y mujeres tenemos que relacionarnos de igual a igual, sin luchas, competitividad ni antagonismos, y más allá de la forma que tome la relación. Esa es la voluntad del Universo, y ese es nuestro cometido colectivo: vivir en Unidad.

Si alguno de los dos se ha enamorado de otra persona, tendrá que cuestionarse si lo que siente es verdadero Amor, o un simple encaprichamiento.

Pues el enamoramiento consiste en fantasear una serie de cualidades ficticias en el otro, sin conocerlo en profundidad. Cuando la realidad de la persona comienza a manifestarse, el enamoramiento se desvanece.

El Amor, por el contrario, consiste en conocer a fondo al otro, y aceptarle con todo lo que es.

Si estamos amando de verdad a alguien y somos maduros emocionalmente, es poco probable que nos encaprichemos con otra persona. Y en el caso de que esto llegara a ocurrir, entonces será cuestión de poner en la balanza qué queremos experimentar en nuestras vidas: si una relación efímera y superficial, que tarde o temprano nos llevará a la decepción, o una relación en la cual el Amor pueda seguir creciendo y madurando como un gran árbol, que resiste a las tormentas y a los embates de la vida.

"El Amor no es una flor de estación", afirmaba Osho. Y es cierto.

Desde luego, también puede ocurrir que lo que sientas por esa nueva persona sea auténtico Amor. En ese caso, la relación que tenías con tu pareja cambiará de forma, sin que por eso dejes de amarla. Simplemente indica que ahora tienes nuevas lecciones que aprender con la otra persona.

Si te haces amigo del cambio, cuando llegue una crisis la enfrentarás con valentía y buena disposición. Así crecerás y te fortalecerás, y lo mismo le ocurrirá a tu relación.

Recuerda que después de las tormentas siempre vuelve a salir el sol, y el aire ha quedado limpio y purificado. Una vez superada la crisis, la podrás agradecer de todo corazón.

La danza sagrada

El sexo es el mayor acto creativo, pues a través de él podemos crear vida. Y aún cuando no pretendemos traer un hijo al mundo, nos conecta con la fuente de creatividad que todos llevamos en nuestro interior.

La sexualidad puede ser sagrada, si a la hora de compartirla dejamos nuestra mente-ego de lado, entregándonos por completo.

Una relación sexual y amorosa no es el encuentro apenas de dos cuerpos, sino la fusión de dos almas. En el éxtasis compartido nos sentimos unidos al otro, a nosotros mismos y a todo el Universo.

Por eso el sexo no es garantía de intimidad. La auténtica intimidad sólo sucede y es compartida cuando permitimos que nuestras emociones, sentimientos e incluso nuestra alma estén involucrados. De lo contrario se torna apenas un acto mecánico, que no nos conduce al crecimiento ni al verdadero deleite.

En realidad somos *energía*, y en el acto sexual nuestras energías se funden, creando una bella danza, en la cual nos estamos uniendo al otro también a nivel del alma. Nos hacemos Uno de verdad, al menos por unos momentos.

Nuestro ego, y los condicionamientos negativos que nos han inculcado en relación al sexo, son los mayores obstáculos para experimentar el éxtasis y este sentido de unión.

Gracias a la gran liberación sexual ocurrida en los años sesenta, para muchos el sexo dejó de ser algo prohibido y pecaminoso. Pero aún así seguimos condicionados por otros nuevos mandatos, y nos hemos ido al otro extremo: ahora todo gira alrededor del sexo.

Mucha gente cree que la calidad de la relación debe medirse por la cantidad de veces a la semana que se hace el amor con la pareja. Pero es natural e inevitable que la frecuencia de las relaciones sexuales cambie con el paso del tiempo.

Aquí también lo importante es la *calidad*, y no la cantidad de veces a la semana que tenemos este tipo de encuentro. Y la calidad está determinada por nuestra verdadera capacidad de entregarnos.

Tampoco es sano permitir que pase demasiado tiempo sin compartir nuestra sexualidad, pues ésta nos ayuda a recordar la unión de un modo hermoso.

La armonía se encuentra en el equilibrio.

La pasión

Al comienzo de una relación, la pasión está siempre presente. Sentimos una urgencia irresistible por unirnos al otro.

Pero al convivir con nuestra pareja, con el paso del tiempo esa unión se siente y expresa de muchos otros modos. Y a veces una mirada, compartida de un modo sincero, nos recuerda la unión de un modo profundo y hermoso.

También con la edad la energía deja de estar tan localizada en el centro sexual.

Si meditamos desde hace cierto tiempo, si somos maduros emocionalmente, y hemos vivido nuestra sexualidad de un modo sano, con el paso de los años la energía comienza a retirarse hacia nuestro interior, y se dirige naturalmente hacia otros intereses. Incluso nuestra creatividad aumenta y se expande. Esto significa, simplemente, que estamos creciendo, que nuestra energía está ascendiendo y se está refinando.

Pero la sociedad nos condiciona a pensar que nos ocurre algo errado, si no estamos obsesionados con el sexo continuamente.

Sin embargo, la pasión puede mantenerse siempre presente, si nos permitimos sentirnos apasionados en otras áreas de nuestras vidas.

Puedes sentirte apasionado por un proyecto, por tu trabajo en el mundo, o por algún pasatiempo preferido. También puedes sentir pasión simplemente por estar vivo. Entonces compartes esa misma pasión en tu encuentro sexual con tu pareja.

Estar en contacto con el cuerpo también es importante. Vivimos en una sociedad orientada por la mente, y solemos estar desconectados de nuestro cuerpo. Poder sentirlo, amarlo, cuidarlo y aceptarlo, es vital para que puedas mantener la pasión y la energía vivas y presentes.

Es importante que no compares a tu pareja con otros encuentros sexuales que hayas tenido en el pasado.

Cada persona, y cada momento, son únicos e incomparables.

La entrega

La verdadera unión con el otro sucede si somos capaces de *entregarnos*. Entregarnos de cuerpo y alma al otro, y al momento presente, dejando de lado nuestra mente, y fundiéndonos por completo, perdiendo voluntariamente nuestro ego y sus límites.

Hacer el amor puede ser la forma más fácil y natural de entrar en el estado de meditación.

Si no puedes estar totalmente presente en el aquí y ahora cuando compartes relaciones sexuales, será difícil que lo logres de otros modos. La intensidad del encuentro sexual nos lleva de un modo natural a vivir el presente con totalidad.

Si estás muy preocupado por algún asunto, y no te lo puedes quitar de la cabeza, quizás sea preferible que esperes a resolver aquello, antes de tener relaciones sexuales con tu pareja.

Si no estás completamente presente a la hora de hacer el amor, no estás dándote a ti mismo ni a tu relación la maravillosa oportunidad que el sexo brinda: la de sentir una unión profunda y completa.

Muchas personas utilizan al sexo como una válvula de escape de la tensión y el estrés. Pero en esos casos la unión con el otro tampoco puede manifestarse ni compartirse. El sexo no es apenas un deporte o un ejercicio físico. Es sagrado, pues es una oportunidad de experimentar la unión contigo mismo, con tu pareja y con Dios, o el Universo.

Si estás tenso y estresado, será mejor que hagas algún tipo de ejercicio, que medites o que recibas un masaje. De lo contrario estarás usando a tu pareja, lo cual te alejará del respeto y del Amor hacia ti mismo, y hacia ella.

El orgasmo

El verdadero orgasmo sucede en todo el cuerpo, no es simplemente una descarga de tensión de los órganos sexuales.

En el orgasmo cada fibra del cuerpo palpita con una nueva vida, con una nueva energía. Puedes sentir la vibración de la energía recorriendo todo tu cuerpo, si al experimentarlo centras tu atención en tu interior.

En el momento del orgasmo no hay mente. Si la mente está ahí, el orgasmo no puede suceder. En el momento del orgasmo, no existe un solo pensamiento. Tú existes, pero sin mente. Y en ese estado recuerdas la unión con el Todo.

Para experimentar este éxtasis, es necesario que te permitas perder el control. Dejarte llevar por las sensaciones y los impulsos, para que todo tu cuerpo y energía participen, de un modo libre y espontáneo.

Si para ti es difícil alcanzar ese estado, te recomiendo que te dediques a bailar con intensidad y totalidad a diario.

Durante 15 minutos, aproximadamente, mueve todo tu cuerpo de un modo libre, salvaje y descontrolado. Cierra los ojos y pierde la noción de los límites, permitiendo que tu cuerpo haga cualquier movimiento, más allá de si es o no "estético".

Entrégate con totalidad, con pasión, dejando que todo tu cuerpo vibre, se sacuda y se exprese, sin dejar ninguna parte sin moverse.

Suelta la cabeza, despéinate, mueve la cadera y la pelvis, y permite que todo tu cuerpo se convierta en puro movimiento.

Luego para y quédate inmóvil, de ojos cerrados, por unos 15 minutos. Pon toda tu atención en el presente, en las sensaciones corporales, sin hacer nada ni querer cambiar lo que percibes.
Observa y siente. Observa sin juzgar ni etiquetar lo que sea que sientas y suceda. Simplemente observa y acepta.

Esta es una técnica de meditación deliciosa y muy eficaz. Todas las personas que han participado en mis cursos se han sentido profundamente plenas y vivas al hacerla, pues han podido sentir la vibración de la energía recorriendo libremente por sus cuerpos.
El movimiento intenso del cuerpo desbloquea la energía, que de lo contrario suele estar retenida en la cabeza, o en la mente. De ese modo, poder permanecer en el aquí y ahora es mucho más factible. Cuando luego paras y meditas, conectas con el Amor, la paz y el silencio que siempre han estado en tu interior.
Pronto podrás experimentar este mismo estado a la hora de hacer el amor.
Otra técnica recomendable para quienes tienen bloqueos energéticos o sexuales, es la Bioenergética.

El desempeño

Muchas personas se han obsesionado con alcanzar el orgasmo, o con hacer que su compañero sexual lo alcance, y esto les lleva a estar ansiosas y preocupadas a la hora de hacer el amor.

Debemos comprender que el acto sexual no es una performance, ni una "tarea" que debemos ejecutar a la perfección. Tampoco se trata de llegar a una meta, sino de disfrutar del encuentro, y de toda la experiencia.

Si estamos pendientes de nuestro "desempeño", estamos en la mente-ego, que es la que quiere controlar, comparar y llevar las riendas.

Así sólo estaremos liberándonos de la tensión localizada en nuestros geniales, pero entonces es apenas una masturbación.

No son la cantidad de orgasmos que tengamos, ni las posturas corporales que adoptemos, como tampoco el tiempo que dure el encuentro, lo que realmente importan.

Es el nivel de *entrega* con el que vivimos la experiencia lo que determina si sentiremos, o no, la verdadera unión.

Es natural que les comuniquemos a nuestras parejas nuestros gustos y preferencias a la hora de hacer el amor, pero no debemos centrarnos solamente en esto.

El auténtico acto sexual y amoroso sólo sucede en un estado de meditación, donde no existe el control.

La verdadera unión

Tanto hombres como mujeres llevamos a nuestro polo opuesto en nuestro interior. Y sólo podemos sentirnos completos de verdad cuando experimentamos el encuentro de esa polaridad dentro de nosotros mismos.
Cuando te enamoras de una mujer o de un hombre, te enamoras sólo porque esa mujer o ese hombre se corresponden, de alguna manera, con el lado masculino o femenino que llevas en tu interior.

A la hora de hacer el amor con tu compañero, puedes permanecer centrado y atento a lo que ocurre en tu energía, y dentro de ti.
Permanece en silencio y de ojos cerrados. Verás que la unión con tu pareja es apenas un puente, para que tu hombre y mujer internos puedan unirse en tu interior.
No trates de forzar o hacer que algo suceda, simplemente observa lo que ya está sucediendo.
Cuando haces el amor, verás que la energía aumenta gradualmente, y llega a un pico. En ese proceso, no sigas buscando fuera, de lo contrario te vas a perder algo hermoso que está sucediendo, algo muy misterioso que está sucediendo en el interior: te estás convirtiendo en un círculo.
Observa cómo se crea el círculo interior, cómo las dos energías se convierten en una. Tus dos polaridades, el hombre y la mujer internos, se

reúnen. Y en esa unidad no hay mente ni pensamientos.

Todo tu cuerpo vibrará desde los dedos de los pies a la cabeza. Todos los nervios del cuerpo vibrarán con la vida, porque este círculo se extiende por todo el cuerpo.

Observa lo que sucede al alcanzar la cumbre, la reunión de las energías internas. Por un instante, la unión sucede en ti.

Luego observa cuando la energía comienza a calmarse, y el abismo se inicia. Observa cómo, poco a poco, las energías se separan de nuevo.

Cuando hayas experimentado esta unión interior algunas veces, ya no estarás dividido. Ahora tienes la libertad y la independencia, ya no te falta nada. Eres completo en ti mismo. Puedes compartir tu Amor y tu sexualidad, pero sin dependencias ni apegos.

Esta manera de experimentar la sexualidad con consciencia, para encontrar la unión en nuestro interior, nos conduce a sentirnos completos y a estar unidos a todo el Universo.

En esto consiste el *Tantra*, un camino espiritual proveniente de Oriente, que une la sexualidad con la espiritualidad con el fin de evolucionar.

Actualmente está de moda en Occidente, y lamentablemente muchas personas lo están malinterpretando y dándole un mal uso, pues creen que es una técnica para obtener sólo más placer físico. Pero en realidad es mucho más que eso.

Si los dos miembros de la pareja quieren explorar la sexualidad siguiendo este camino, es hermoso.

Pero no es imprescindible que tu compañero también ponga en práctica lo que describí, pues es una experiencia que sólo depende de ti, y de tu consciencia.

Si quieres compartirla con tu pareja puedes hacerlo, pero siempre y cuando no le fuerces ni le "obligues", de ninguna manera. Debe ser algo decidido de mutuo acuerdo.

Pues no es una condición indispensable para recordar que el Amor de tu vida siempre eres tú, y que el otro apenas te acompaña en un trecho del camino, compartiendo y creciendo a tu lado.

Tu compañero es tu espejo, en el cual puedes contemplarte para conocerte, para amarte y crecer, desplegando así todo tu potencial. Entonces luego puedes también amar más y mejor a los demás.

Hasta que un día comprendes, con la totalidad de tu ser, que de verdad todos somos Uno.

Made in the USA
Monee, IL
07 July 2026